세계는
하나의 교실

##국제 교육프로그램을 말하다

세계는 하나의 교실

발행일	2019년 3월 22일		
지은이	이디 강 & 케이트 김		
펴낸이	손형국		
펴낸곳	(주)북랩		
편집인	선일영	편집	오경진, 강대건, 최승헌, 최예은, 김경무
디자인	이현수, 김민하, 한수희, 김윤주, 허지혜	제작	박기성, 황동현, 구성우, 장홍석
마케팅	김회란, 박진관, 조하라		
출판등록	2004. 12. 1(제2012-000051호)		
주소	서울시 금천구 가산디지털 1로 168, 우림라이온스밸리 B동 B113, 114호		
홈페이지	www.book.co.kr		
전화번호	(02)2026-5777	팩스	(02)2026-5747

ISBN   979-11-6299-572-3 03370 (종이책)   979-11-6299-573-0 05370 (전자책)

세계는
하나의 교실

국제 교육프로그램을 말하다

이디 강 & 케이트 김

북랩 book Lab

시작하며

2019년, 4차 산업혁명 시대를 맞아 외국 교육기관으로 유학을 가지 않아도 세계 유수 기관의 교육프로그램들을 대한민국에서 접할 수 있다. 또한 학부모님들을 포함하여 각계각층의 교육관계자들 역시 세계 각국의 다양한 교육시스템이나 교육과정들을 과거보다 더 가까이에서 살펴볼 수 있는 플랫폼들이 형성되었다. 그러나 정작 국내의 학생들에 대한 실질적인 교육프로그램과 현실세계에 대한 준비의 격차는 더 커져만 가고 있다는 느낌을 지울 수 없다. 제4차 산업혁명이 진행되고 있으며, 학생들이 살아갈 시대는 현 기성세대들의 가늠과 예측을 넘어서고 있다는 것도 현실이다. 이러한 현실 속에서, 학생들에게 어떤 교육프로그램을 제공해야 하는 것일까 다시 한 번 의구심이 든다. 2018년도에는 대학 입시 개편, 무상고등교육 실시 예정과 관련한 제안들이 논의되었다. 또한 2018년 일본에서 노벨상 수상자들이 등장했다는 소식으로 대한민국의 본질적인 교육 시스템의 논의가 연일 도마 위에 오르내렸다.

대한민국 교육의 방향성에 대해 또 한 번 커다란 담론이 필요한 때라고 생각된다.

실제로 몇 개 지역의 교육청에서는 특정 국제교육프로그램을 대한민국 공교육에 도입하기 위한 시도를 하고 있다. 학부모들과 학생들은 이러한 국제교육프로그램에 대해 얼마나 이해를 하고 있을까? 아니, 대한민국의 교육을 담당하고 있는 교육관계자들은 국제교육프로그램에 대해 얼마나 이해하고 있을까? 이 책은 2018년 10월 현재 대한민국 교육부에 다양한 형태로 등록되어 있는 교육기관들의 주요 국제교육프로그램에 대해 소개하고자 한다.

2018년 10월 현재 교육부의 통계를 확인해 보면, 국내에서 외국교육프로그램을 수행하고 있는 기관들은 다음 세 가지 형태로 등록되어 있다.

- 국제학교

- 외국인 교육기관

- 외국인 학교

이와 같은 형태로 국내에 등록된 기관은 50여 개의 기관에서는, 다양한 국제 교육과정을 대한민국에 소개하고 있다.

이 책에서는 이러한 기관들에서 실시하고 있는 교육프로그램들을 살펴보고 그 중 가장 많이 실행하고 있는 몇 개의 프로그램을 중점적으로 소개하고자 한다. 또한 각 프로그램과 관련하여 운영되고 있는 특성 있는 프로그램이나 방과 후 프로그램들에 대해서도 소개하도록 하겠다.

목차

PART 01

국내의 국제교육프로그램 운영현황 들여다보기

국내에서 가장 많이 운영되고 있는 국제교육프로그램을 살펴보기 위해 대한민국에 등록되어 있는 외국교육기관의 형태부터 살펴보기로 한다.

1. 외국교육기관

외국교육기관은 외국에서 외국법령에 의해 유아·초등·중등·고등교육기관을 설립·운영하고 있는 국가·지방자치단체 또는 영리를 목적으로 하지 않는 법인을 의미한다. 즉 외국교육법인이나 단체가 대한민국 교육부장관의 승인을 받아 국내에 설립한 교육기관을 뜻한다. 외국교육기관은 교육부장관이 지도·감독권을 갖되 교육부장관 권한의 일부를 대통령령이 정하는 바에 의하여 특별시, 광역시 또는 도 교육감에게 그 지도·감독권의 위임이 가능하다. 그 권한에는 교육기관의 설치 등기, 지도 감독 및 학력인정 여부, 시정명령 등의 사항들을 포함하고 있다. 초·중등 외국교육기관의 국내 학력 인정은 「초·중등교육법」 제2조의 규정에 의한 초등학교·중학교 또는 고등학교에 상응하는 외국교육기관이 대통령령이 정하는 교육과정을 운영하는 경우로, 해당 외국교육기관을 국내 학력이 인정되는 교육기관으로 지정하고 있다. 따라서 초·중등학교 교육과정의 교과 중에서 국어 및 사회(여기에서 사회 교과는 초등학교 1학년 및 2학년의 경우에는 '슬기로운 생활'을 말하고, 중학교 2학년에서 고등학교 1학년까지는 국사를 포함한다.)를 포함하여 2개 교과 이상을 주당 각각 2시간 이상 내국인 학생이 이수할 수 있도록 편성 및 운영해야 한다.

외국교육기관으로는 대구 국제학교와 인천 송도에 설립되어 운영 중인 채드윅 송도 국제학교(Chadwick International), 외국 대학의 분교 등이 있다.

이 책에서는 외국 대학의 분교에 대한 소개는 생략하기로 한다.

2. 외국인학교

외국인 학교는 국내에 체류 중인 외국인의 자녀에게 본국의 교육을 제공하기 위하여 설립된 학교이며 외국인, 비영리외국법인, 국내 학교법인들이 외국인 학교의 설립 주체가 될 수 있다. 교육감이 지도·감독권을 갖되 학사·운영에 최대한 자율성을 존중하여 국내 초·중등교육법 제60조의2에 의거 국내 교육기관의 동법 적용에서 배제되므로 해당국의 교육과정 및 교원자격 기준이 적용된다. 외국에서 3년 이상 거주하고 귀국한 내국인도 학생 정원의 일정 비율 한도 내에서 입학이 가능하나 외국인 학교에서의 학력은 국내학력으로 인정되지 않는다. 국내대학으로 진학할 학생들이 아니라 국내에 잠시 머물 외국인들의 자녀 또는 외국 대학으로 진학할 학생들을 위한 교육기관이기 때문이다. 그러나 국내 학력인정을 위해서 학교장이 신청을 하고 교육감이 학력인정학교로 지정하게 되면 국내 학력을 인정받을 수 있는데 이때 국어·사회(국사) 교과를 각각 규정되어 있는 연간 시수를 이수해야 한다. 국내에 있는 외국인 학교로는 서울외국인학교 및 중국인 학생들을 주 대상으로 하는 화교학교를 비롯하여 각국의 다양한 언어와 교육제도로 운영되고 있는 30여 개의 학교들이 있다.

3. 제주 국제학교

2019년 현재 제주에는 「제주특별자치도 설치 및 국제자유도시 조성을 위한 특별법」 제220조에 따라 네 개의 외국 교육기관이 설립되어 운영되고 있다. 제주 국제학교는 제주도 교육감의 승인을 받아 제주 영어교육도시에 설립된, 국민의 외국어능력 향상과 국제화된 전문인력 양성을 목적으로 하는 학교를 의미한다. 또한 교육법상 교과과정에서 국어와 국사의 과목을 이수했을 경우에 정규 초·중·고등학교를 다녔다는 학력이 인정되고 있다.

다음의 표를 통해 위에서 소개한 세 개의 분류 기준에 의한 교육기관의 특성에 대해 간략하게 살펴볼 수 있다.

세계는 하나의 교실

[표1] 외국교육기관 vs 외국인학교 vs 제주 국제학교

구분		외국교육기관	외국인학교	제주 국제학교
설립요건	설립목적	• 외국인 생활여건 개선을 통한 투자 유치	• 국내거주 외국인 자녀교육 • 해외거주 후 귀국한 내국인의 교육	• 국민의 외국어 능력 향상과 국제화된 전문 인력 양성
입학 자격		• 제한 없음	• 외국인의 자녀 • 3년 이상 해외 거주 내국인 • 일반 초·중등학교에서 학업을 지속하기 어렵다고 판단되는 귀화자 자녀	• 제한 없음
내국인 입학 비율		• 초·중등 : 총 정원의 30%(시·도 교육규칙으로 50%까지 확대 가능) • 고등 : 제한 없음	• 학생 정원의 30%(시·도 교육규칙으로 50%까지 확대 가능)	• 제한 없음
설립 운영 현황		• 채드윅 송도국제학교 (Chadwick International) • 대구국제학교 (Daegu International School)	• 남산국제유치원 (Namsan International Kindergarten) • 덜위치칼리지서울 (Dulwich College Seoul) • 서울독일학교 (Deutsche Schule Seoul) • 서울드와이트 (Dwight School Seoul) • 서울외국인학교 (Seoul Foreign School) • 서울용산국제학교 (Yongsan International School of Seoul) • 서울일본인학교 (Japanese School Seoul)	• 한국국제학교제주 (Korea International School Jeju) • 노스런던칼리지에잇 제주(North London Collegiate Jeju) • 브랭섬홀 아시아 (Branksome Hall Asia) • 세인트존스베리아카데미 제주 (St. Johnsbury Academy Jeju)

4. 국내에서 운영 중인 국제교육프로그램 분포율

지금까지 살펴본 외국 교육기관, 국제학교 그리고 국내 교육기관에서 운영되고 있는 국제 교육프로그램을 종합해 보면 다음과 같다.

[표2] 국제 교육프로그램 분포율

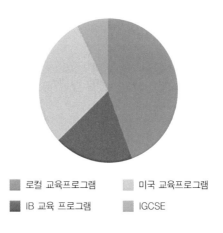

■ 로컬 교육프로그램　　■ 미국 교육프로그램
■ IB 교육 프로그램　　■ IGCSE

위의 통계자료는 앞서 소개한 외국교육기관들을 토대로 국내에서 운영되고 있는 국제교육프로그램의 비율이다. 국내에는 50여 개의 외국교육기관 중 화교 학교의 비율이 24%를 차지하고 있다. 이런 이유로 로컬 교육프로그램의 차지하는 비율이 높은 것을 확인할 수 있다. 외국인 학교에서는 본국의 언어와 교육프로그램을 운영되고 있으며, 국내 학력이 인정되지 않으므로 내국인 재학생의 경우에도 외국 대학으로 진학하는 경우가 대부분이다. 중국인 학생들을 주 대상으로 하는 화교 학교들, 일본 학생들을 대상으로 하는 일본인 학교, 프랑스 학생들을 주 대상으로 하는 하비에르 학교 등이 이에 해당된다. 또한 몇몇 교육 기관들에서는 두 개 이상의 교육과정을 중복으로 운영하고 있는 학교들도 있다.

덜위치컬리지서울 영국학교와 노스런던컬리지에잇 제주 학교에서는 영국의 교육프로그램으로 운영을 하고 마지막 두 학년에서 IB DP 프로그램을 운영하고 있다.

가장 먼저 IB 교육과정에 대해 살펴보기로 한다.

PART 02 IB(International Baccalaureate) 프로그램

1. IB프로그램 소개

일반적으로 IB라 칭하는 프로그램은 국제학력인증기구(IBO : International Baccalaureate Organization)에서 제공하고 있는 교육프로그램을 의미한다. 스위스에서 1968년에 설립된 비영리교육재단으로 국제 교육을 추구하는 학생들의 요구를 충족시키기 위해 설립되었으며 전세계 150여 개 국가에서 4,300여 개의 인증 학교가 IB교육과정으로 학생들을 교육하고 있다.

IB프로그램이란 만 3~19세 학생들을 위한 지속적인 국제 교육프로그램으로 학업과 인성의 균형적인 발달을 도모하고 있다. IB 교육의 주요 목표 중 하나는 학습자로 하여금 열정을 지니고, 적극적이고 진취적으로 행동하며, 창조력과 비판성을 토대로 한 사고방식을 함양하도록 하는 동시에 더 나아가 평생학습을 추구하고 다양한 문화에 대한 이해의 폭을 넓히는데 있다. IB프로그램이 제공하는 모든 프로그램의 학습적 토대가 되는 엄격한 교육적 기준은, 학생들이 자신이 속한 다양한 공동체에 봉사활동으로 참여하는 것뿐만 아니라 지속 가능한 활동과 확장적인 사고로 더 나은 환경을 위해 행동하고 실천하는 것을 기대하는 것이다.

IB프로그램은 학생들이 낙관적이고, 열린 마음으로 학문적인 도전에 응할 수 있도록 한다. 또한 자기 모습에 자신감을 가지며, 개인의 삶과 공동체 속에 윤리적인 결정을 내리고, 타인과 함께 협력함을 배우도록 한다. 학습한 내용을 토대로 복잡하고 예측할 수 없는 실제 상황에 적용할 준비가 된 다재다능하고 품성이 좋은 학생을 키우는 데 일조하고 있다.

○ 학생 중심 : 건강한 관계, 윤리적 책임, 도전 정신을 육성
○ 효과적인 교육법 개발 : 학생들이 학업과 인성 발달에 필요한 태도와 기술을 개발하는 데 도움
○ 세계적인 맥락의 교육 : 언어와 문화에 대한 이해력을 키우고, 국제적으로 중요한 사상과 쟁점 탐구
○ 중요한 내용 탐구 : 광범위하고 균형, 개념, 연관성을 갖춘 교육프로그램을 제공

IB교육에서 국제적 마인드를 지닌 사람이 갖추어야할 이상적인 소양들을 정리하여 IB교육이 육성하고자 하는 기본적인 학생의 인성으로 다음과 같이 IB 학습자상(Learner Profile)을 제시하고 있다.

○ Inquirers : 탐구하는 사람
○ Knowledgeable : 지식이 풍부한 사람
○ Thinkers : 생각하는 사람
○ Communicators : 의사소통을 잘하는 사람
○ Principled : 원칙을 지키는 사람

○ Open-minded : 마음이 열린 사람

○ Caring : 배려하는 사람

○ Risk-takers : 도전하는 사람

○ Balanced : 균형 있는 사람

○ Reflective : 성찰하는 사람

IB프로그램은 엄격한 인증과정을 통해 우수 학교를 선별, 인증시스템을 부여하여 전반적인 교육과정을 체계적으로 평가·관리하고 있다. IB프로그램을 운영하고자 하는 학교들은 후보 학교로 등록한 후 3년에서 5년 정도의 기간에 걸쳐 학교시설, 교원, 재단, 행정체제, 예산 투명성, 학부모와의 관계 등 다방면의 검증 과정을 거친다. 이런 검증을 통과한 학교들을 IB World School이라고 한다. 이와 같이 IB의 검증을 받은 학교만이 IB프로그램을 제공할 수 있으며, 이에 끝나지 않고 매 5년마다 지속적인 평가를 통해 인증을 갱신해야 한다. 이 같은 과정을 통해 IB 인증을 받은 학교는 2018년 12월 현재 전세계 153개국 4,964개이다.

2. 국내 IB프로그램 운영 학교

국내에서는 1980년 첫 IB프로그램이 도입된 후 2018년 현재 13개 학교에서 IB프로그램을 운영하고 있는데 다음의 6개 학교에서는 전 학년 교육과정에서 IB프로그램을 실시하고 있다.

○ 브랜섬홀아시아(Branksome Hall Asia)

○ 채드윅송도국제학교(Chadwick International)

○ 서울드와이트외국인학교(Dwight School Seoul)

○ 경기수원외국인학교(Gyeonggi Suwon International School)

○ 부산국제외국인학교(Busan International Foreign School)

○ 대전외국인학교(Taejon Christian International School)

하단의 표에서 확인할 수 있듯이 IB프로그램을 운영하는 13개의 학교 중 4개의 학교에서는 고등교육프로그램(DP)만 실시하고 있다. 특히 이중에 국내학교로서는 유일하게 경기외국어고등학교에서 2010년부터 DP를 인증받아 운영 중이다.

[표3] 국내 IB 운영 학교 리스트

	학교명	소재지	기숙사	PYP	MYP	DP
1	브랭섬홀아시아 (Branksome Hall Asia)	제주도 서귀포시	V (중, 고등)	V	V	V
2	채드윅송도국제학교 (Chadwick International)	인천시 연수구	X	V	V	V
3	덜위치칼리지서울 (Dulwich College Seoul)	서울시 서초구	X			V
4	서울드와이트 외국인학교 (Dwight School Seoul)	서울시 마포구	X	V	V	V
5	경기외국어고등학교 (Gyeonggi Academy of Foreign Languages)	경기도 의왕시	X			V
6	경기수원외국인학교 (Gyeonggi Suwon International School)	경기도 수원시	X	V	V	V
7	경남국제외국인학교 (Gyeongnam International Foreign School)	경상남도 사천시	V			V

8	부산국제외국인학교 (Busan International Foreign School)	부산시 기장군	X	V	V	V
9	남산국제유치원 (Namsan International Kindergarten)	서울시 중구	X	V		
10	노스런던컬리지에잇스쿨 제주 (North London Collegiate School Jeju)	제주도 서귀포시	V			V
11	서울외국인학교 (Seoul Foreign School)	서울시 서대문구	X	V		V
12	대전외국인학교 (Taejon Christian International School)	대전시 유성구	V	V	V	V
13	한국외국인학교 (Korea Foreign School)	서울시 서초구	X	V	V	

3. IB프로그램 단계별 소개

1) IB PYP(Primary Years Program)

초등교육프로그램인 PYP(Primary Years Program)는 만 3세~12세 학생들의 국제 교육을 위해 설계된 교육과정으로, 국제학력인증기구(IBO)에서 1997년부터 운영되어 2018년 11월 현재 109개 나라의 1,692개의 학교에서 이 프로그램을 운영하고 있다. PYP는 학생들이 교실, 지역, 국가, 전세계 환경에서 탐구자로 성장하는 것에 학습 초점을 맞추고 있고 조사와 탐구를 바탕으로 국가별 교육환경의 다양성을 포함하고 있는 융합 교육프로그램이다.

PYP는 학습자의 학업적 성장에 더하여 사회적, 신체적, 감정적, 문화적 필요를 아우르는 종합적이고 전인적 성장에 초점을 맞추고 있다. PYP에서는 실제 학습자가 속한 세계와 관련된 상황을 학습 환경으로 이끌어 내는 것이 가장 효과적인 교육이라고 생각하며 학생의 경험과 배경의 다양함을 높이 평가하는 국제적 시각을 가질 수 있도록 교육하고 있다. PYP의 교과목은 다음과 같이 구성된다.

○ 언어(Language)

○ 수학(Mathematics)

○ 과학(Science)

○ 사회(Social Studies)

○ 예술(Arts)

○ 체육, 사회성 및 인성교육(Physical, Social and Personal Education)

[표 4] IB PYP 모형도

PYP의 틀은 학생들이 핵심 개념에 대한 깊은 이해를 기를 수 있는 학습 환경을 제시하는데 학생들은 그 환경에 적극적으로 참여하고 도전하면서 필수적인 지적 능력을 성장시킬 수 있다. PYP의 교육자들이 필수 지식과 기술 습득의 균형, 개념적 이해의 발전, 긍정적 태도 구현, 책임감 있는 행동을 가능케 하도록 IB에서는 아래와 같은 6개의 범 교과적인 주제를 설계하여 교육한다.

- **우리는 누구인가(Who we are)**
  자신의 성격/신념과 가치관/개인적, 신체적, 정신적, 사회적, 영적 건강/가족, 친구, 공동체, 문화를 포함한 인간관계/권리와 책임/인간의 의미 탐구

- **우리가 속한 시간과 공간(Where we are in place and time)**
  시공간적 지향성/개인의 역사/가정과 여정/인류의 발견, 탐험, 이주/지역적, 국제적 시각으로 본 개인과 문명의 관계 및 상관성 탐구

- **우리 자신을 표현하는 방법(How we express ourselves)**
  생각, 감정, 자연, 문화, 신념, 가치관을 발견하고 표현하는 방법/창의성을 숙고 하고 넓히고 즐기는 방법/미학적인 감상법 탐구

- **세계가 돌아가는 방식(How the world works)**
  자연 세계와 법칙, 자연 세계(물리적, 생물학적)와 인간사회의 상호작용/인간이 과학 원리를 이해하여 이용하는 방법/과학 기술 발전이 사회와 환경에 미치는 영향 탐구

- **우리 자신을 조직하는 방식(How we organize ourselves)**
  인간이 만든 제도와 공동체의 상관성/조직의 구조와 기능/사회적 의사결정/경제 활동과 이러한 경제 활동이 인류와 환경에 미치는 영향 탐구

- **우리 모두의 지구(Sharing the planet)**

한정된 자원을 타인, 다른 생물과 공유할 때의 권리와 책임/공동체와 그 내부 관계 및 공동체 간 관계/기회균등/평화와 갈등 해결 탐구

PYP에 속한 모든 학생들은 매년 각 주제에 대해 배우는데 특히 만 3~5세 학생들은 매년 이 중에서 4가지의 주제를 공부한다. 이 외에도 모든 학생들은 만 7세부터 한 가지 이상의 언어를 배우게 된다.

PYP는 교수 방법과 평가 전략에 대한 지침뿐 아니라 학생들이 배워야 할 것이 무엇인지에 대한 내용을 포괄하는 교육프로그램 모형을 제안한다.

○ 무엇을 배우고자 하는가? (Written Curriculum)
○ 어떻게 배울 것인가? (Taught Curriculum)
○ 배운 것을 어떻게 확인할 수 있을까? (Learned Curriculum)

첫 번째 질문인 '무엇을 배우고자 하는가?'는 내용과 관련되어 있다. 이는 '개념(Concepts), 기능(Skills), 태도(Attention), 행동(Action), 지식(Knowledge)'의 5가지 기본 요소로 구성되어 있는데 개념, 기능, 태도, 행동의 경우 모두 교과 영역과 관련되어 구조화되고 의도적인 탐구를 위한 틀을 제공하며 지식습득의 경우는 사실 혹은 기술을 단순히 획득하는 것을 넘어서 통합적인 맥락의 이해를 추구한다.

두 번째 질문인 '어떻게 배울 것인가?'는 교수·학습 방법의 영역과 관련이 있다. 국제학력인증기구(IBO)에서는 PYP를 가르치는 교사들에게 유용한 지침과 지원을 제공하고 있다. 교사들은 각종 워크

숍 등을 통해 교수·학습 계획, 지도, 평가에 대해 다른 교사들과 함께 협력하여 배우는 기회를 얻을 수 있다. 이를 통하여 학교 현장에서 교사들은 학습에 적합한 다양한 시도를 할 수 있게 된다.

마지막으로 '배운 것을 어떻게 확인할 수 있을까?'는 평가의 영역에 속한다. PYP에서 평가의 주요 목적은 학습 과정에 대한 피드백을 제공하는 것이기 때문에 학생에 대한 모든 평가는 교사가 수행하며 외부 평가는 없다.

이와 같이 교사는 학생의 과거 경험과 지식을 기반으로 창의적이고 비판적인 사고력을 확장함으로써 더 복잡한 수준으로 성장할 수 있는 점진적인 기회를 제공한다. 또한 구조화된 질문을 통해 학생들은 자신을 둘러싼 세계에 대한 이해를 발전시키는, 목적 있는 학습에 참여하게 된다. 동시에 가치 있는 의사소통과 협력 기술을 학습하여 계속 발전하는 세계와 밀접하게 교류할 수 있게 된다.

① PYP전시회

PYP 전시회는 학교와 학생들이 PYP 교육과정을 마무리하는 중요한 행사이다. 학생들이 PYP 교육과정의 필수 요소들을 종합하여 자신의 학습 탐구 과정과 이에 따른 결과물을 학교 공동체에 발표하는 행사이다. 더 나아가, 학생들에게 PYP 과정을 이수하는 동안 발전해온 IB 학습자 프로필의 특징을 보여줄 수 있는 기회가 된다. PYP의 이수 과정 최종 년도에 학생은 전시회뿐만 아니라 5개의 탐구 과제를 연구한다. 전시회에서 모든 학생들은 융합 교과를 바탕으로 탐구 과정을 공동 협력하여 실생활의 이슈와 문제에 대한 확인, 조사, 해결책을 제시한다. 학생들이 선택한 핵심 주제를 뒷받침할 타당한 조사와 상세한 탐구를 바탕으로 준비해야한다.

② PYP 전시회의 핵심 목적

○ 학생들을 심도 있고 공동 협력하는 탐구에 참여하게 한다.
○ 학생들에게 그들 자신의 학습을 위한 독립성과 책임감을 보여주는 기회를 제공한다.
○ 학생들에게 다양한 관점을 접하는 기회를 제공한다.
○ 학생들이 이전에 배운 것들을 종합하고 적용하며 PYP 교육 여정을 되돌아볼 수 있게 한다.
○ 학생들의 이해도를 평가하기 위한 확실한 평가프로그램을 제공한다.
○ 학생들이 자신들의 학습 결과로써 어떻게 행동을 취하는지를 보여준다.
○ PYP의 필수 요소들을 포함하는 공동 협력 경험에서 학생, 교사, 부모, 학교 공동체의 다른 구성원들을 연합하게 한다.
○ PYP에서 MYP로의 학습자 진학을 축하한다.

모든 IB프로그램들이 갖는 주안점은 학습 결과물과 함께 학습프로그램의 세심한 분석에 있다. 전시회는 학생에게 리더십과 주인의식을 함양하는 많은 기회를 제공한다. 학생은 공동 협력 탐구프로그램을 통해 계속되는 질문과 문제해결을 위한 입증 자료들을 수집하고, 검증하고, 유지하기 위해 다양한 방법과 기술을 이용한다. 학생들은 본인이 직접 중요한 세계 이슈를 선택하는 것부터 중심 생각을 발전시키고 최종적으로 자신의 탐구를 공동체에 발표하는 계획의 설립까지, 모든 전시회 프로그램의 중심에 있다.

③ 탐구를 통한 학습에 전념

탐구는 학생들이 학습에 활동적으로 참여하고 책임을 가지게 하기 때문에 PYP의 기본적인 접근 요소이다. 탐구는 세계에 대한 각 학생의 이해를 자신에게 맞는 방법과 속도로 발전하는 것을 가능하게 한다.

PYP는 학생들이 사전 지식을 바탕으로 새로운 경험을 통해 의욕을 자극하고, 그것을 반영할 시간과 기회를 제공함으로써 주변 세계의 의미를 구축하려는 학생들의 노력을 지원하는 것을 목표로 두고 있다. 따라서 교사에 의해 설계되고 문서화된 학습과정에서 탐구를 통해 학생들은 현재 이해도 수준보다 더 깊고 폭넓은 이해를 할 수 있도록 기여한다.

탐구의 핵심은 다음의 요소들을 포함한다.

- ○ 탐색하기, 의문 갖기, 질문하기
- ○ 가능성을 실험하고 즐기기
- ○ 과거와 현재의 학습을 연결해 보기
- ○ 어떤 일이 일어날지를 예측하고 목적을 가지고 행동하기
- ○ 자료를 모으고 결과물을 보고하기
- ○ 존재하는 생각들을 명확하게 하고 일어난 일들에 대한 인식을 재평가하기
- ○ 개념의 적용을 통해 이해를 깊게 하기
- ○ 이론을 창조하고 시험하기

○ 정보를 조사하고 찾아보기

○ 입장을 취하고 지키기

○ 다양한 방법으로 문제 해결하기

  PYP가 분명하게 기대하는 것은, 성공적인 탐구가 학습프로그램의 결과로서 학생의 책임감 있는 행동을 이끌게 될 것이라는 점이다. 결국 이러한 행동은 학생의 학습 범위를 넓히거나, 더 많은 사회적 영향력을 가질 수 있도록 하는데 도움이 된다. 탐구와 행동은 특정 나이에서 그 이후까지, 각 연령 안에서 명확한 차이를 보임을 알 수 있다.

2) IB MYP(Middle Years Program)

  중등교육프로그램인 MYP(Middle Years Program)는 만 11~16세까지의 학생들에게 학습적 도전과 삶에 관련한 기술의 틀을 제공하는데 5년의 과정으로 구성된 이 MYP에서는 기존의 학교과목을 포용함과 동시에 그것를 초월하는 교육적 접근을 제공하고 있다.

  이 시기가 학생들에게 있어 인성적, 지적 성장의 중요한 시기이기 때문에 IB프로그램에서는 훈육 및 지식 전달과 함께 창의성과 유연성을 학생에게 제공하기 위해 MYP를 개발하였다. 이 과정을 통해 학생들은 지역적, 세계적 공동체의 중요한 일원으로서 자신의 삶을 이끌 수 있는 개인의 가치 체계를 발전시킬 수 있다.

① MYP의 기본 개념

지적 인식 : 오늘날의 학생은 자신의 문화뿐만 아니라 타 문화와도 연관되어야 한다.

전인교육 : 모든 지식은 서로 밀접하게 연결되어 있고, 교육은 전인적 인격을 형성시키는 것이다. 중등교육 프로그램은 전통적인 중등학교 학문에 대한 철저한 교육을 제공하고 더불어 이러한 상호 연관성을 강조한다.

의사소통 : 학생들은 개방적이고 효과적인 의사소통에 참여하고 성장할 수 있도록 격려해야 한다. 말과 글쓰기에 국한된 것이 아니라 다양한 형태의 의사소통을 포함한 것이다.

MYP 모형은 8개의 과목군과 함께 개념과 세계적 맥락을 포함하고 있는데 이는 모든 교과목군, 과목들 간의 학습, 개인 과제에서 학생 학습을 지도하고 집중할 수 있도록 도와주고 있다.

[표 5] IB MYP 모형도

세계는 하나의 교실

② MYP 과목 그룹 및 성취 목표

예술(Arts) : 6학년부터 8학년을 위한 MYP 예술 과목군은 3년의 교육 프로그램으로 구성되어 있다. 학생들은 각 학년에서 음악(Music), 연극 (Drama), 시각예술(Visual Arts) 중 2개의 과목을 공부하게 되는데 9학년에는 이 중 2개의 과목을 선택하여 학기당 1과목씩 좀 더 집중적으로 수학하고, 10학년에는 1과목을 선택한다. MYP예술 과목을 듣는 학생은 시각 예술과 공연예술 수업에 참여하며 자신만의 성장 일지를 작성하고 자신의 예술적 노력들을 되돌아보고, 계속 발전시키고, 기록할 수 있도록 한다.

디자인(Design) : 디지털디자인(Digital Design)과 제품디자인(Product Design)의 과목으로 구성된 MYP 디자인 과목군은 학생들이 매일의 삶과 사회에서 기술의 역할을 인식할 수 있고, 실제 삶에서 마주할 도전들에 비판적이고 슬기롭게 대처할 수 있는 능숙한 문제해결자가 되도록 방법과 맥락을 제공하는 것을 목적으로 한다. MYP디자인에서 학생들은 기술적 생산물 또는 해결책의 창조를 통해 문제를 해결하도록 하며 문제 조사, 생산물·해결책의 설계, 창조, 평가하는 틀로써 문제해결 설계 사이클을 이용하도록 권장한다. 학생들은 이 과정을 통해 자신만의 포트폴리오를 제작할 수 있도록 한다.

인문학과 사회학(Individuals & Societies) : 역사(History), 지리(Geography), 종교교육(Religious Studies) 과목으로 구성된 MYP 인문학과 사회학 과목군은 학생들이 자신을 둘러싼 세계를 존중하고 이해하도록 돕는 데에 목적을 두고 있다. 이 과목들의 주안점은 학생들이 역사, 사회, 종교, 기술, 다양한 문명의 문화적 관점을 조사하고 과거의 선택들이 현재 우리에게 어떻게 영향을 주는지에 대해 알아보도록 하는데 있다. 학생들은 주요 자료 및 2차 자료들을 조사하는 것뿐만 아니라 독립적 조사를 완성하여 과제들을 수행하며 각 단원을 통해 계속적으로 도전을 받고 현재와 역사적 사건들에 관해 그들의 지식을 비판적으로 조사하게 된다.

언어습득(Language Acquisition) : 현대유럽언어(Modern European Languages)와 라틴어(Latin)로 구성된 MYP언어습득 과목군의 목적은 학생들이 균형 잡힌 2개 국어 사용자가 되겠다는 장기목표를 가지고 자신의 모국어 외에 현대 언어의 능숙함을 습득하는 것을 장려하 것이다. 이 과목들을 수강하는 학생들은 학교 밖에서 다른 도움 없이 제 2언어를 학습하여 기대된 능숙도 수준을 보여 주게 되는데 MYP 언어습득 과목군에서는 읽고, 쓰고, 다양한 문학적·정보적 글을 해석하는 학생의 기량을 넓히고, 사용하는 읽기, 듣기, 쓰기, 말하기 부분에서 지침을 제공한다.

언어와 문학(Language & Literature) : MYP언어와 문학의 목적은 분석적 사고를 함양하여 문학에 적용하는 것이다. 이 과목군에서 학생들은 보고, 듣고, 말하고, 읽고, 쓰고, 발표를 통해 언어, 문학, 비문학 장르를 접하게 되며 이러한 글들의 기원, 구조, 의미, 의의를 확인하고, 탐구하고, 반응하고, 되돌아본다. 평생 독서에 대한 사랑을 육성하기 위해 학생들은 다양한 연령 및 역량 별로 적절한 책을 선택하여 독립적으로 읽기를 도전 받게 된다.

수학(Mathematics) : 6학년에서 10학년 학생들은 문제 해결과 비판적인 사고로 그들의 지식과 이해를 확장하는 것에 도전한다. 이는 실제 세계에서 수학적 개념을 인식하고 활용하는 것, 기하학적 개념을 검토하고 자신의 논쟁을 논리적으로 설명하기 위한 가설을 뒷받침하는 명분과 이유들을 개발하는 것, 과거의 학습한 수학적 기술을 확장하는 것뿐만 아니라 IB DP를 준비하는데 필수적인 기량의 지침을 제공하는 것 외에 여러 다양한 방법들에서 나타난다.

체육과 보건교육(Physical & Heath Education) : MYP 체육과 보건교육은 다양한 배경의 학생들에게 신체적 활동과 건강한 삶을 영위를 위해 평생동안 기술과 지식을 성장시키는 기회를 제공하도록 설계된 다면적 과목군이다. 다양한 협동, 개인, 창의적인 활동을 통해 학생들은 중간 매개체로써 그들의 신체를 사용하여 비판적이고 창의적으로 사고하는 방법을 배우게 된다. 학생들은 공동작업, 자기 관리, 의사소통, 조사, 성찰과 같은 학습 기량을 발전시키며 평가 수행, 시각 자료 분석, 시험, 과제, 개인적 사고, 구술 발표를 통한 MYP 체육과 보건교육의목표와 기준을 사용하여 평가받게 된다.

과학(Sciences) : 생물학(Biology), 화학(Chemistry) 그리고 물리학(Physics)로 구성된 MYP과학에서 학생들은 지식체계를 발전시키고, 실험실 경험에 참여하고, 성공적인 과학자들의 연구와 분석적인 기술을 습득하기 위한 과학 연구의 영향을 탐구하기 위해 선택된 일련의 물질을 조사하게 된다. 이 과목군에서 강조하고 있는 점들은 실제 활동들, 데이터 분석, 문제 해결, 실험을 통해 데이터를 수집하고 제시하는 것을 포함하는 의사소통의 기술, 개인 작업과 협동 작업을 통해 얻어진 결과를 분석하고 평가하는 것뿐만 아니라 다양한 활동들을 포함한다. 학생들은 탐구 기반 프로젝트, 실험실 작업, 단원 테스트, 필기시험 등의 다양한 방법으로 평가 받게 된다.

③ 개인 프로젝트(Personal Project)

개인 프로젝트는 MYP의 마지막 이수학년인 10학년에 완성을 해야 한다. 학생 개인 프로젝트는 MYP의 국제적인 맥락에서 학생들이 해온 학습의 최정점을 보여주며, 학생들이 평생학습자가 되기 위한 자신의 관심 및 전문 분야를 집중탐구하는 과정을 통하여 독립적이고 스스로 동기부여 하는 학습의 기회를 심어줄 수 있다. 이를 통해 학생들은 다음과 같은 기회를 가지게 된다.

○ 자신만의 관심 분야 깊게 탐구의 기회

○ 본인의 의견과 생각 표현(관심, 우려, 특별한 능력 등)

○ 학습법 접근을 보여줌

○ 비판적인 사고자가 되기 위한 자기 성찰

3) IB DP(Diploma Program)

고등교육프로그램인 DP(Diploma Program)는 만 16~19세의 학생들을 위해 설계된 2년간의 엄격한 대학 준비과정이며 학생들이 지식 함양, 탐구 기술의 습득뿐 아니라 타인을 배려하고 이해하는 역량을 권장한다. DP에서는 학생들이 다양한 관점을 존중하고 평가하기 위해 초문화적인 이해, 열린 마음과 태도를 성장시키도록 권면하는 것에 큰 중점을 두고 있다.

[표6] IB DP 모형도

DP는 전세계 147개국 3,700여 개 학교가 도입한 교육프로그램으로, 국제적으로 인증된 고등교육프로그램이다. 해외 거주 학생들을 위한 국제학교가 국제통용이 가능한 교육 기준을 제시하지 못해 학생들이 대학진학에 어려움을 겪게 되면서 국가와 지역에 관계없이 모든 학교에 통용되는 공통된 표준 교육프로그램 개발에 대한 요구에서 출발했다.

DP는 필수 영역과 6개의 선택 영역으로 구성되어 있다. 학생들은 모국어 1개 과목, 외국어 1개 과목, 자연과학 1개 과목, 인문사회과학 1개 과목을 필수적으로 선택해야 하며, 원한다면 예체능 계열 과목을 하나 선택할 수 있다. 각 과목을 7단계로 나누어서 평가하며 최고 등급은 7단계이다. 6개 과목의 42(7×6=42)점에 지식론(Theory of Knowledge)과 소논문(Extended Essay), 교과 외 활동 CAS(Creativity, Actions, Service)에서 나오는 3점의 추가 점수를 합산해 45점 만점으로 평가하는데 이러한 비교과와의 통합 프로그램은 학생들이 학습에 치중하여 놓치기 쉬운 예술 활동, 사회봉사 활동, 그리고 지식 전체에 대한 메타적 사고력 함양을 위한 것이다. 학생들은 DP를 시작하기 전 심화 프로그램인 상위 레벨(Higher Level) 3개와 기본 프로그램인 표준 레벨(Standard Level) 3개를 6개의 그룹들에서 하나씩 선택해야 한다.

① 지식론 : TOK(Theory of Knowledge)

지식론은 정치, 철학, 종교의 통합교과적인 비판적 사고를 훈련하는 과목이다. 지식 습득에 관한 방법론을 6개 교과 영역을 통합하여 비판적으로 사고하고 지식 자체의 의미와 그것을 습득하는 방법에 대해 100시간의 이수시간을 통하여 성찰하게 된다. 이 과목을 통해 학생들이 자신이 배우고 있는 지식의 배경과 문화의 차이에 대해 깊은 이해를 할 수 있다.

수업시간 이수 이후 학생들은 IBO에서 제시하는 주제 중에 하나의 주제를 선택해서 1,200~1,600 단어의 논술문을 작성한다. 그리고 주제 발표문을 작성하여 발표하게 되는데 이런 일련의 과정에 대한 자기평가보고서 역시 필수 사항이다.

② 소논문 : EE(Extended Essay)

소논문 과목에서 학생들은 자신이 수강하고 있는 DP 과목 중 하나를 선택하여 독립적으로 주제를 정한 후 깊이 있는 연구와 자료 조사를 진행한다. 학생들은 독자적인 연구와 추론을 통해 4,000단어 정도의 소논문을 작성해야 한다. 이를 통하여 학생 개개인이 자신에게 맞는 관심사를 하나의 주제로 선택하여 심화 연구할 수 있는 기회가 제공되며, 대학 수준에 버금가는 리서치 기술과 함께 논술문 작성 기술을 익힐 수 있게 된다. 평가에 대한 수행은 연구 주제, 연구 방법 그리고 논리에 대한 전개와 분석에 대해 전반적으로 진행된다.

③ 창의, 체험 및 봉사활동 : CAS(Creativity, Action, Service)

CAS는 DP에서 가장 근본이 되는 프로그램으로 교과 외 특별활동과 봉사활동을 의미한다. 학생들의 예술 활동, 운동 및 지역 참여 활동 또는 구체적 의미의 탐험, 공동체 사회봉사활동이 그 세부 영역에 속하며, 이것들 외에도 학업과 병행하는 다양한 활동도 포함하고 있다. 학생들은 자신의 에너지와 재능을 발휘할 수 있는 비교과의 활동을 통해 공부로 인한 심리적 압박감에서 벗어나 균형 있는 생활을 유지하고 또한 다른 사람과의 협동, 관계 능력 등을 개발할 수 있다. CAS는 경험을 통한 학습에 의해 개인 및 대인관계 성장을 가능하게 하는 데에 구체적인 목적이 있다. 스스로 결정하고 타인과 협동을 하는 기회를 통해 봉사의 성취와 자신의 진정한 즐거움을 접할 수 있는 기회를 제공한다.

CAS는 각각 다음의 활동들을 의미한다.

○ **창의성** : Creativity를 의미하며, 예술과 창의적인 사고를 포함하는 경험들을 의미한다. 구체적인 활동으로는 오케스트라 활동, 작문 클럽 활동, 신문 제작 활동 등을 포함한 창의적인 활동이다.

○ **활동** : Action을 의미한다. 건강한 라이프 스타일에 공헌하고, DP 프로그램 외에서 학업을 보완하는 신체적 활동으로 야구, 농구, 축구 등을 포함한 같은 각종 체육활동이다.

○ **봉사** : Service의 의미로 학생회 활동, 스카웃 활동 혹은 지역 공동체 내에서의 봉사 활동을 의미한다. 각 활동마다 담당 교사가 지정되어 있어 활동을 관리하며 2년간 매주 3~4시간씩 최소 150시간의 활동을 마친 후 모든 활동에 대해 자기평가보고서가 작성되어야 한다.

DP의 수료를 위해서 학생들은 다음의 세 가지 요건을 충족해야 한다.

○ 6개의 교과목 이수
○ 통합 교육프로그램인 지식론, 소논문, CAS 완료
○ 졸업인증시험 통과

학생들은 선택 이수한 6과목의 시험에서 7점 만점에 4점 이상을 획득하여 총 24점 이상을 취득해야한다. 졸업인증시험은 연중 1회 진행되며 절대평가를 기준으로 하고 있다. 평가는 각각의 학교에서 시험이 진행된 후 답안지를 수거해서 외부 심사관에게 보내 평가를 받게 되는데 다른 학문 형태와 문화 양식을 고려하기 위해 다양한 평가방법이 활용된다. 시험은 구두 및 서술, 단답형, 자료 제시형, 논술, 선다형 문제 등 다양한 형태와 광범위한 범위에 걸쳐 시행된다.

[표7] IB DP 교과목 외 수료요건

영역	주요특징
지식론 (TOK : Theory of Knowledge)	• 최소 100시간 이상 이수해야 함 • 다양한 문화에 따른 다양한 사고방식을 토대로 비판적인 숙고를 하는 영역 • 정치·철학·종교 등 통합교과적인 비판적인 사고 훈련 과정으로 이론 및 이론 상호간의 관계를 이용하는 것 • 국제학력인증기구(IBO)에서 제시하는 10개의 주제 중에서 하나를 골라 　① 1200~1600자 길이의 논술문 작성 　② 주제 발표문을 작성해서 10분간 발표 　③ 자기평가 보고서를 작성함
소논문 (EE : Extended Essay)	• 50개의 다양한 어문 강좌를 통해 22개의 주제 중에서 하나를 선택 • 관심 있는 주제를 정하고, 자기주도적 탐색이나 담당교사의 도움을 받아 40시간 이상을 투자하여 4,000자 이하의 개인 연구논문 작성 • 연구 주제, 연구 방법, 논리 전개, 분석 수준 등을 통해 평가됨
창의 체험 활동과 봉사 활동 (CAS : Creativity, Action, Service)	• 학교 공부 이외의 영역에서 창의성을 기르기 위한 예술, 스포츠와 같은 특별활동과 병원, 고아원 등에서 하는 봉사활동 등을 포함 • Creativity : 오케스트라·작문 클럽·신문 제작 등과 같은 창의적인 활동 영역 • Action : 야구·농구·축구와 같은 체육활동 • Service : 학생회 활동·봉사 활동 등과 같이 교육적으로 유의미한 활동을 의미 • 담당 교사가 도움을 주며 2년간 매주 3~4시간씩 최소 150시간의 활동을 해야 함

④ IB 프로그램 개요

[표8] IB교육프로그램 개요

IB	PYP	MYP	DP
학생연령	만 3~12세	만 11~16세	만 16~19세
학년	1~5학년	6~10학년	11~12학년
프로그램의 목표	학생들이 자신과 타인을 존중하며, 주변 세계에 참여할 수 있고 능동적인 평생 학습자가 되도록 교육하며, 아동의 전인적인 발달에 초점을 맞추고 있다.	학생들이 자신의 연구와 실생활 사이에 실질적인 연관성을 갖도록 장려하는 도전적인 프로그램이며, 포괄적으로 설계된 교육프로그램이다.	프로그램을 통해 육체적으로, 지적으로, 정서적으로 그리고 윤리적으로 성장할 수 있도록 한다. 또한 학생들이 탁월하고 폭넓은 지식을 가질 수 있도록 양성하는 것을 목표로 한다.
학과목	• 언어(Language) • 수학 (Mathematics) • 과학(Science) • 사회(Social Studies) • 예술(Visual & Performing Arts) • 체육(Physical Education)	• 예술(Arts) • 디자인(Design) • 인문학과 사회학 (Individuals and Societies) • 언어습득 (Language Acquisition) • 언어와 문학 (Language & Literature) • 수학 (Mathematics) • 체육과 보건교육 (Physical & Heath Education) • 과학(Sciences)	• 예술(The Arts) • 언어와 문학 (Studies in Language and Literature) • 언어습득 (Language Acquisition) • 인문학과 사회학 (Individuals and Societies) • 수학 (Mathematics) • 과학(Sciences)
수료요건	PYP전시회	개인 프로젝트	TOK, EE, CAS 학과목 시험

세계는 하나의 교실

IB	PYP	MYP	DP
프로그램별 모형			

PART 03

미국 교육프로그램

국내에서 운영되고 있는 국제교육 프로그램 중 미국의 교육프로그램에 기반을 두고 있는 교육기관이 30%정도임을 확인할 수 있었다. 미국의 대학 입시제도인 SAT 및 대입선행제도 AP를 많은 교육기관에서 제공하고 있다. 국내에 도입된 미국의 교육프로그램기준으로는 공통 핵심 표준(CCSS:Common core state standards)와 미국교육해외지원(AERO:American Education Reaches Out)를 토대로 두고 있음을 확인할 수 있었다. 먼저 전반적인 미국 교육제도 및 특징에 대해 소개하고 다양한 미국의 학교 형태와 입시제도에 대해서도 살펴보려 한다.

1. 미국의 교육프로그램

1) 미국 교육기관

미국은 50개의 주와 1개의 특별구로 구성되어 있기 때문에 주 정부와 연방 정부로 나뉘어 주요 정책을 결정하고 시행하는데 교육 분야의 경우 정책 결정과 실행은 주로 주 정부에서 담당한다. 이제부터 교육에 영향을 미치는 여러 기관에 대해 알아보자. 연방 정부 기관으로는 미국 의회(United States Congress)와 미국 교육부(United States Department of Education)가 있고, 주 정부 차원에는 주의회

(State Legislature), 주 교육위원회(State Board of Education), 주 교육부(State Department of Education)가 있는데 실질적으로 교육에 가장 큰 영향력을 행사하는 기관은 지역 학군(Local School District)과 지역 학교 위원회(Local School Board)와 같은 지역 정부 교육 기구나 개별 학교들이다.

미국에는 지역 정부 수준에 해당하는 지역 학교 지구(Local School District)가 15,000개 정도 있는데 지역 학교 지구는 주 정부로부터 예산과 교육 프로그램 실시에 관련된 권한을 위임 받아 행사하고, 일부 결정권과 예산 권한을 개별 학교에 위임한다. 지역 학교 지구를 관장하는 기관은 지역 학교 위원회인데 이 기관은 학교 지구 교육감을 선출하여 학교 지구의 정책을 실시하고 일상적인 운영을 맡는다.

이와 같이 미국의 교육은 각 주 지역, 학교의 자율성이 강하므로 학생 개개인의 특수성을 인정하고, 개인의 소질과 능력을 충분히 발휘할 수 있도록 학생 중심의 교육을 실시할 수 있다.

2) 미국의 학제

미국의 초·중등 교육은 만 6세부터의 학생들을 대상으로 12년 동안 진행된다. 실제로는 유치원 프로그램이 포함되어 있으므로 유치원에서 12학년까지 총 13년의 프로그램이라 할 수 있으나 이 역시 주마다 조금씩 다르다. 다양한 미국의 학제에 따라 각 주마다 획일적으로 하나의 학제를 택하기보다는 여러 종류의 학제에 맞추어 학년 군이 형성된다. 가장 보편적인 학제로는 5-3-4 시스템과 한국과 같은 6-3-3 시스템이 있으며 이외에도 6-2-4, 8-4, 6-6 등 여러 학제가 존재한다.

① 프리스쿨(Pre-school)

프리스쿨이란 초등학교에 가기 전, 즉 만 5세 전의 교육이다.

② 초등학교(Elementary School)

미국의 초등학교는 Elementary School 외에 Grade School이나 Grammar School로도 불리며 유치원생(Kindergarten)부터 5학년 또는 6학년까지의 프로그램이다. 한국과 마찬가지로 교사 한 사람이 한 학급을 맡으며, 학생들은 주로 한 교실에서 담임선생님과 하루의 프로그램을 보낸다. 학교에 따라서는 예능과목인 음악이나 미술과목에 별도의 교사가 있는 경우도 있다.

③ 교과 과목(Subjects)

○ 수학(Mathematics) : 산수(Arithmetic), 기초 대수(Rudimentary Algebra)
○ 언어(Language Art) : 문법(Grammar), 철자(Spelling), 어휘(Vocabulary)
○ 사회(Social Study) : 미국 및 세계의 역사와 지리(US & World History and Geography)
○ 과학(Science)

세계는 하나의 교실

○ 컴퓨터(Computer and Technology)

○ 체육(PE : Physical Education 또는 Gymnastics)

○ 음악(Music)

○ 미술(Arts)

대부분의 학교는 주로 각 학군에서 관리를 하며, 운영 교과 프로그램 등을 비롯한 정보들을 서로 공유한다.

④ 중학교(Middle/Junior High School)

미국의 중학교는 보통 Junior High School 또는 Intermediate School로 불린다. 중학교에서는 영어, 수학, 사회, 과학 등 주요 학과목 외에 외국어와 희망하는 선택과목을 지도하고 있다. 중학교부터는 학생 각자가 강의 시간마다 학과 교실을 찾아가 수강하게 되며 홈룸(Homeroom) 시간을 통해 담임선생님의 개념인 홈룸선생님으로부터 생활지도를 받게 된다. 9학년 성적부터는 대학입시에 반영이 되고 있다.

⑤ 고등학교(High School)

미국 고등학교의 교과프로그램은 매우 다양하게 편성되어 있어 대학진학을 준비하는 학생, 졸업 후 취업을 준비하는 학생 모두에게 필요한 과목을 제공하고 있다. 그러나 일반적으로 사립 고등학교의 경우는 공립의 포괄적인 교과프로그램과는 약간의 차이를 보이며 대부분의 사립학교는 대학진학 준비에 중점을 둔 대입 준비 교과과정(College Preparatory) 제공한다.

⑥ 필수 과목

고등학교 졸업을 하는 데 필요한 필수 과목들이다.

○ 과학(Science) : 생물학(Biology), 화학(Chemistry), 물리학(Physics)
○ 수학(Mathematics) : 대수학(Algebra), 기하학(Geometry), 대수학 II(Algebra II), 미분학준비(Precalculus), 삼각함수(Trigonometry)
○ 영어(English)
○ 사회과학(Social Science) : 역사(History), 정치(Government), 경제(Economics)
○ 체육(Physical Education)

이 외에도 많은 주에서는 건강(Health) 과목을 이수할 것을 학생들에게 요구하는데 이 과목에서는 해부학(Anatomy), 영양(Nutrition), 응급 처치(First Aaid), 성(Sexuality), 피임(Birth Ccontrol) 그리고 마약(Anti-drug)에 관련된 정보를 배운다. 이에 더하여 외국어(Foreign Language)와 예술(Arts)을 필수 과목으로 정하고 있는 학교들도 있다.

⑦ 선택 과목

선택 과목의 경우 지역이나 학교(특히 재정 상태)에 따라 많은 다양성을 가지고 있다.

○ 미술(Visual Arts) : 그림(Drawing, Painting), 조각(Sculpture), 사진(Photography), 영화(Film)

○ 예술(Performing Arts) : 연기(Drama), 교내 밴드(School Band), 합창(Choir), 오케스트라(Orchestra), 댄스(Dance)

○ 기술교육(Technology Education) : 목공(Woodworking), 금속공작(Metalworking), 자동차 정비(Automobile Repair), 로보틱(Robotics)

○ 컴퓨터(Computer) : 워드 프로세싱(Word Processing), 프로그래밍(Programming), 그래픽 디자인(Graphic Design)

○ 운동(Sport) : 크로스컨트리(Cross Country), 미식축구(Football), 야구(Baseball), 농구(Basketball), 육상(Track and Field), 수영(Swimming), 테니스(Tennis), 체조(Gymnastics), 수구(Water Polo), 축구(Soccer), 레슬링(Wrestling), 치어리딩(Cheerleading)

○ 출판(Publishing) : 학교신문(School Newspaper), 졸업앨범(Year Book) 관련

○ 외국어(Foreign Language) : 프랑스어(French), 독일어(German), 스페인어(Spanish), 중국어(Chinese), 라틴어(Latin), 그리스어(Greek), 일본어(Japanese), 한국어(Korean) 등

⑧ 학업 외 활동 (Extracurricular Activities)

학업 외 활동은 정규 수업 프로그램에 속하지는 않지만 엄연히 학교의 관리 하에 이루어지는 교육 활동이다. 이런 활동들은 학교의 정규 수업 시간 외에 많은 시간의 투자가 필요한 경우가 많다. 운동이나 학교 밴드 프로그램이 대표적이다.

⑨ 성적표(Report Card)

학생들의 성적은 과목별로 보통 100점 만점을 기준으로 하여 100~90점까지는 A, 80점까지는 B 등 등급으로 표시한다. 또 각 등급에 + 와 - 를 더하여 세분화하기도 한다. 성적표의 발급은 학교마다 다른데 대체로 6주에 한 번씩, 혹은 일 년에 3번 우편을 통해서 학부모에게 보낸다.

⑩ 공립학교와 사립학교

미국의 교육프로그램은 공립학교와 사립학교로 나눌 수 있다. 공립학교는 주 정부와 지역 학교 구의 구도 안에서 만들어진 교육프로그램을 엄격히 준수해야 한다. 주 정부의 교육법은 교육프로그램을 포함하여 교육과 관련된 개괄적인 내용을 규정하며 주 교육부는 이에 부합하는 교육프로그램 지침과 수행 기준을 개발한다. 지역 학교구 산하의 지역 학교 위원회에서는 주 교육부의 교육프로그램 지침과 수행 기준에 근거하여 구체적인 교육프로그램을 계획하고 실시한다.

사립학교의 경우는 주 정부에서 제정된 교육프로그램 가이드라인을 엄격히 준수하지 않아도 되지만 지역 교육청이 정한 기본적 교육 요건은 맞추어야 한다. 이 교육 요건들은 주마다 다르지만 대개 위생과 안전에 관한 내용을 포함한다. 교육프로그램이 사립학교가 따라야 할 기본 교육 요건에 들어가 있는 경우에도 실제 적용에 있어서는 공립학교와 비교하면 매우 탄력적이다. 그리하여 사립학교는 본교의 설립 취지나 교육 철학에 맞는 교육프로그램을 만들수 있다.

2. 미국 공통 핵심 표준 교육프로그램
: CCSS(Common Core State Standards)

1) CCSS(Common Core State Standards)

미국 공통 핵심 표준 프로그램(CCSS)은 미국 학생들의 학업성취도를 올리기 위한 미국 여러 주 정부의 서로 다른 교육프로그램 및 제도와 관련하여 개혁의 의지가 반영된 방안으로 이른바 미국 고등학교 공통 교육 프로그램 기준이다. 즉, CCSS는 미국 전역의 모든 학생을 동일하고 일관적인 기준으로 평가하자는 취지로 주 정부들과 민간단체들이 힘을 합쳐 제정한 교육개혁 기준인데 학생들이 졸업 후 성공적으로 대학에 진학하거나 사회에서 활동할 수 있도록 하기 위해 각 학년별로 세밀하고 구체적인 학업성취 기준을 제시함으로써 교실에서 보다 효과적인 교육이 이뤄질 수 있도록 돕는다.

CCSS에서는 사고력을 개발하기 위해서 많은 독서를 통해 지식을 쌓고, 학문과 관련한 단어들을 습득하며, 다양하고 복잡한 내용을 읽고 이해하는 훈련을 해야 한다고 주장하는데 이는 학년이 올라갈수록 내용이 복잡해지고 목차와 그래프, 차트 등이 섞여 나오기 때문에 이야기 위주의 읽기로는 높은 수준의 교과 내용을 이해하기 힘들기 때문이다. 미국 수학능력시험인 SAT가 CCSS의 학업성취기준에 맞추어 개편되었기 때문에 CCSS기준에 부합한 공부가 뒷받침 되어있어야 한다.

2) AERO(American Education Reaches Out)

미국 교육해외지원 프로그램인 AERO는 미 국무부 해외 학교 사무실 및 해외 학교 자문위원회가 지원하는 프로젝트로 학교가 표준 기반 커리큘럼을 개발 및 구현하는 것을 지원하고 있다. 전 학년에 걸친 교과프로그램의 일관성과 교사 전환율이 높은 해외 학교의 교과프로그램 안정성을 위한 프레임워크(Frame Work)를 제공하고 있다. 이러한 AERO의 지원, 교과프로그램에 대한 워크샵 및 전문 상담의 제공 등은 해외의 학교들이 표준 기반 커리큘럼을 구현하고 유지하는데 도움이 되고 있다.

AERO 제공하는 프레임워크(Frame Work)의 교과목들은 다음과 같다.

○ 영어(English/Language Arts) : CCSS 토대로 제공

○ 수학(Mathematics) : CCSS 토대로 제공

○ 음악(Music)

○ 예술(Visual Arts)

○ 세계언어(World Languages) : 프랑스어(French), 아랍어(Arabics), 중국어

(Chinese), 스페인어(Spanish) 제공

○ 사회과목(Social Studies)

3. 국내 미국 교육프로그램 운영 학교

[표9] 국내 미국교육프로그램 운영 학교

	학교명	기숙사	소재지	교육프로그램 특징
1	서울용산국제학교 (Yongsan International School of Seoul)	X	서울 용산구	기독교 스쿨
2	지구촌기독외국인학교 (Global Christian Foreign School)	X	서울 용산구	CCSS
3	한국국제학교 판교캠퍼스 (Korea International School Pangyo Campus)	X	경기도 성남시	WASC&AP
4	한국국제학교 제주캠퍼스 (Korea International School Jeju Campus)	5~12 학년	제주도 서귀포시	AERO
5	아시아퍼시픽국제외국인학교 (Asia Pacific International School)	X	서울 노원구	기독교 스쿨
6	한국켄트외국인 학교 (Korea Kent Foreign school)	X	서울 광진구	CCSS
7	부산외국인학교 (Busan Foreign School)	X	부산시 해운대구	AERO
8	대구국제학교 (Daegu International School)	5~12 학년	대구시 동구	CCSS
9	청라달튼외국인학교 (Cheongna Dalton School)	5~12 학년	인천시 서구	DALTON PLAN
10	광주외국인학교 (Kwangju Foreign School)	X	광주시 북구	CCSS& NGSS

11	서울국제학교 (Seoul International School)	x	경기도 성남시	AP
12	경남국제외국인학교 (Gyeongnam International Foreign School)	x	경상남도 사천시	IB DP
13	St. Johnsbury Academy Jeju (세인트존스베리아카데미 제주)	6~12 학년	제주도 서귀포시	CAPSTONE MODEL, AP

세계는 하나의 교실

4. 대입시험제도 및 대학선행과정 SAT&ACT / AP

1) SAT

SAT는 미국의 수학능력시험으로 미국 대학에 진학할 때 입학사정에 반영되는 여러 개의 시험을 통틀어 말하는 용어이며 미국의 비영리단체인 칼리지보드(College Board)가 감독·실시하며 ETS(Educational Testing Service)에서 개발·편찬·채점한다.

1990년대 초반의 SAT는 언어영역과 수학영역으로 나누어 시행하였으나 1994년에는 SAT I 과 SAT II 로 바뀌었고 2005년부터 다시 논리력시험과 과목시험으로 나누어 시행이 되고 있는데, 기존의 시험에 글쓰기 능력을 평가하는 에세이 시험이 추가되고, 비평적 독해(Critical Reading)와 대수학(Algebra)이 포함되었다. 따라서 현행 시험은 비평적 독해·수학·작문의 3개 영역으로 나누어 치러지며 총 3시간 45분의 시간이 소요된다.

영역별 내용을 보면, 비평적 독해는 과학·역사·인문학 수준을 평가하는 시험으로 읽기능력, 문장 완성, 단락의 비판적 독해능력 등을 평가하며 시험시간은 1시간 10분이다. 수학영역은 절대값·함수·기하학·통계·확률·대수학 등을 평가하고 시험시간은 비평적 독해와 동일하게 1시간 10분이다. 작문영역은 문법·관용어·용어선택 등을 평가하는 오지선다형 문제인 파트 A와 에세이를 쓰는 파트 B로 이루어져 있으며 시험시간은 1시간 25분이다.

각 영역 모두 만점은 800점, 최하점은 200점이며 틀린 문항에는

3분의 1 또는 4분의 1점의 감점제도가 적용된다. SAT는 연7회(10, 11, 12, 1, 3월 또는 4, 5, 6월) 시행되며, 성적은 학생들에게 개별적으로 통보된다.

SAT 과목시험은 과목별로 지식과 적용 능력을 측정하는 시험으로, 각 시험시간은 1시간이며 정해진 SAT 일정에 따라 치러진다. 대학에 따라 영어(문학), 역사와 사회(미국의 역사, 세계의 역사), 수학(레벨 I 수학, 레벨 II 수학), 과학(생물 생태학·분자학, 화학, 물리), 언어(듣기를 포함한 중국어, 프랑스어, 듣기를 포함한 프랑스어, 독일어, 듣기를 포함한 독일어, 스페인어, 듣기를 포함한 스페인어, 현대 히브리어, 이탈리아어, 라틴어, 듣기를 포함한 일본어, 듣기를 포함한 한국어) 중에서 선택되며 학교마다 요구하는 과목이 다르기 때문에 지원하는 학교의 입시전형요강을 잘 파악해야 한다.

[표10] SAT 시험과목

영역	과목
영어(English)	문학(Literature)
역사와 사회과학 (History and Social Studies)	미국 역사(US History)
	세계 역사(World History)
수학(Mathematics)	수학 1(Mathematics Level 1)
	수학 2(Mathematics Level 2)
과학(Science)	생물학(Biology E/M)
	화학(Chemistry)
	물리학(Physics)

언어(Languages)	듣기를 포함한 중국어 (Chinese with Listening)
	프랑스어(French)
	듣기를 포함한 프랑스어 (French with Listening)
	독어(German)
	듣기를 포함한 독일어 (German with Listening)
	히브리어(Modern Hebrew)
	이탈리아어(Italian)
	듣기를 포함한 일본어 (Japanese with Listening)
	듣기를 포함한 한국어 (Korean with Listening)
	라틴어(Latin)
	스페인어(Spanish)
	듣기를 포함한 스페인어 (Spanish with Listening)

[표11] SAT 과목별 시험범위

영역	과목 당 문제 수	특징
문학(Literature)	최대 60문제	
미국 역사(US History)	90문제	
세계 역사(World History)	95문제	
수학 1(Mathematics Level 1)	50문제	
수학 2(Mathematics Level 2)	50문제	
생물학(Biology E/M)	80문제	
화학(Chemistry)	85문제	
물리학(Physics)	75문제	계산기 사용이 불가능
듣기를 포함한 중국어 (Chinese with Listening)	최대 85문제	
프랑스어(French)	85문제	
듣기를 포함한 프랑스어 (French with Listening)	최대 85문제	
독어(German)	85문제	
듣기를 포함한 독일어 (German with Listening)	최대 85문제	
히브리어(Modern Hebrew)	85문제	
이탈리아어(Italian)	80~85문제	
듣기를 포함한 일본어 (Japanese with Listening)	80문제	
듣기를 포함한 한국어 (Korean with Listening)	80문제	
라틴어(Latin)	70~75문제	
스페인어(Spanish)	85문제	
듣기를 포함한 스페인어 (Spanish with Listening)	85문제	듣기 20분 / 읽기 40분

세계는 하나의 교실

2) ACT(American College Testing)

ACT는 SAT와 같이 미국 대학입학시험이며 매년 세계적으로 150만 명 이상의 학생들이 ACT시험을 치른다. ACT는 영어, 수학, 독해, 그리고 과학 시험으로 이루어져 있으며, SAT와 달리 한꺼번에 시험을 치른다.

ACT를 구성하는 4 과목 시험의 특징은 다음과 같다:

- **영어(English)** : 문법과 어휘력은 원어민 고등학교 수준을 요구한다. 시험시간 45분에 총 75문제가 주어진다.
- **수학(Mathematics)** : 계산기 사용이 허용된다. 시험시간 60분에 총 60문제가 주어진다.
- **독해(Reading Comprehension)** : 장문을 읽고 이해력을 시험하는 문제들이 출제된다. 시험시간 35분에 총 40문제가 주어진다.
- **과학(Science)** : 생물학, 화학, 물리학, 지구과학 등에 관련된 문제들이 출제된다. 시험시간 35분에 총 40문제가 주어진다.

각 부분은 36점 만점으로, 4과목의 평균을 낸 후 총점을 계산한다.

3) AP(Advance Placement) 프로그램

AP(Advance Placement)란 미국과 캐나다에 있는 교육 프로그램으로 위에 설명한 비영리 단체인 칼리지보드(College Board)에서 주관하는 대학과정의 선(先) 이수 인증 프로그램 및 시험이다. 11학년이나 12학년에서 이루어지는 이 AP는 일반 고등학교 과정에 비하여 더 어렵고, 더 빠른 속도의 수업이 진행이 된다. 일반 과정 대신 상급의 과정을 배우거나 일반 과정에서 배우지 않는 프로그램을 배우게 된다. 학교마다 차이는 있으나 평균적으로 학생당 5~6개의 AP 과목수업을 듣는 것을 허용하는데 모든 AP과목의 제공은 어렵기 때문에 학생들의 필요에 따라 다른 고등학교 혹은 대학교에서 해당 과목을 수료할 수도 있다.

대부분의 대학교에서는 IB시험 성적과 마찬가지로 AP시험 성적을 학생의 입학을 결정하는 데이터로 사용한다. AP는 대학교 첫해 프로그램과 동등한 수준으로 인정되기 때문에, 어떤 대학에서는 AP를 이수한 것을 학점으로 인정하여 일찍 학위를 획득할 수 있도록 한다.

[표12] AP 과목 및 시험

영역	과목
영어(English)	영문학(English Literature), 영어(English Language)
세계의 언어 (World Language)	스페인어(Spanish Language), 스페인문학 및 문화(Spanish Literature and Culture), 중국어 및 문화(Chinese Language and Culture), 일본어 및 문화(Japanese Language and Culture), 프랑스어 및 문화(French Language and Culture), 이탈리아어 및 문화(Italian Language and Culture), 독일어 및 문화(German Language and Culture)
수학 (Mathematics)	미적분학AB(Calculus AB), 미적분학BC(Calculus BC), 컴퓨터공학A(Computer Science A), 통계학(Statistics)
과학 (Science)	화학(Chemistry), 생물학(Biology), 환경공학(Environmental Science), 물리학B(Physics B), 물리학C-기계학(Physics C-Mechanics), 물리학C-전자기학(Physics C-Electricity and Magnetism)
역사 및 사회과학 (History and Social Sciences)	거시경제학(Macroeconomics), 미시경제학(Microeconomics), 미국사(US History), 유럽사(European History), 정치학: 미국정치(Government and Politics: U.S.), 심리학(Psychology), 세계사(World History), 인문지리학(Human Geography), 정치학: 비교정치(Government and Politics: Comparative)
예술(Arts)	스튜디오미술(Studio Art), 미술사(Art History), 음악이론 (Music Theory)

PART 04 영국 교육프로그램

1. 국가 공통 교육프로그램(National Curriculum)

　영국은 1988년 교육개혁법(Educational Reform Acts)을 공포하여 국가차원의 교육프로그램을 소개하였고 학교에 대한 재정 위임, 의무 교육의 핵심단계(Key Stage)를 정하였다. 이 법에 따라 영국 정부에서는 모든 관할 학교에 국가 공통 교육프로그램(National Curriculum)을 도입하여 국가수준에서 학생들이 학교에서 배울 단계와 핵심 과목을 설정해놓고 있으며, 만 5~16세까지의 학생들은 이 국가 공통 교육프로그램이 정하는 바에 따라 교육을 받고 있다. 국가 공통 교육프로그램은 이후 다섯 차례에 걸쳐 개정되었는데, 현재는 이전처럼 국가에서 제작하는 국정교과서나 인증을 받은 검정교과서 없이 단위 학교에서 지역과 학교의 특성을 반영하여 자율적으로 교육프로그램을 개발하여 운영하고 있다.

　이와 같이 도입된 영국의 국가공통교육프로그램은 균형잡힌 교수학습의 제공을 위하여 연령에 따른 핵심 단계로 나뉘며, 유치원 프로그램인 기초단계(Foundation Stage)와 4개의 핵심단계를 포함한 다섯 개의 단계로 구성되어 있다. 이에 따라 구분된 영국의 학제를 살펴보면 [표13]과 같다.

[표13] 영국 국가공통교육과정의 학제와 평가과목

학교급	교육과정	핵심단계 (Key Stage)	나이	학년	국가시험
유치원	초등 교육과정	Foundation Stage	만 3~4세	유치원 (Nursery)	
			만 4~5세	유치원 (Reception)	
		Key Stage 1	만 5~6세	1학년	영어 수학
			만 6~7세	2학년	
		Key Stage 2	만 7~8세	3학년	영어 수학 과학
			만 8~9세	4학년	
			만 9~10세	5학년	
			만 10~11세	6학년	
Primary School	하위 중등 교육과정	Key Stage 3	만 11~12세	7학년	영어 수학 과학
			만 12~13세	8학년	
			만 13~14세	9학년	
Secondary School	상위 중등 교육과정	Key Stage 4	만 14~15세	10학년	중등 교육자격 검정시험 (GCSE)
			만 15~16세	11학년	
Sixth Form College	후기 중등 교육과정	Sixth Form	만 16~17세	12학년	A-Level
			만 17~18세	13학년	

영국의 의무교육 기간은 Key Stage 1에서 Key Stage 4까지이며, 이 의무교육이 끝나는 Key Stage의 마지막 해에는 학생들의 성취도 평가를 위한 국가시험인 중등교육자격검정시험(GCSE: General Certificate of Secondary Education)을 치른다. 이후 대학에 진학하고자 하는 학생의 경우 대학 입학 준비프로그램인 식스폼(Sixth Form) 프로그램으로 진학하고, 그 외에는 직업교육 기관에서 일정한 준비기간을 거친 후 직업을 갖게 된다.

2. 프로그램의 특징(GCSE/IGCSE)

1) 중등교육자격검정시험(GCSE: General Certificate of Secondary Education)

과거의 제도였던 O-Level GCE(Ordinary Level General Certificate of Education)과 CSE(Certificate of Secondary Education)의 후속 제도로 1988년에 최초로 시행된 GCSE(General Certificate of Secondary Education)는 영국 상위 중등교육프로그램(Secondary School)의 10, 11학년 학생들이 치르는 시험이다. 학생들은 Key Stage 3에서 국가학업성취도 시험(National Test)과 부분적인 중등교육자격시험을 거쳐 후기 중등교육프로그램에 입학하게 되는데, Key Stage 4 다음 단계인 만 16세 이후의 교육프로그램에서는 국가공인 자격증이나 수여기관에서 정한 교수요목을 선택하게 된다. 이 교육프로그램의 구성은 학생의 지적, 개인적, 사회적, 신체적 발달을 증진시키는 모든 내용을 포함하는 것을 목표로 하고 있다.

2007년에는 Key Stage 3, Key Stage 4 교육프로그램이 개정되어 영어, 수학, 과학, 정보통신기술, 체육, 시민교육, 종교교육, 개인, 사회, 보건교육으로 교과목이 조정되었으며, Key Stage 4에서 학생들은 해당 교과목에 대한 GCSE시험을 치르거나 교사에 의해 해당 과목의 평가를 받는다. 2007년에 개정된 이후 법정 교과목을 단계별로 살펴보면 다음 [표14]과 같다.

[표14] Key Stage별 법정 교과목

단계 구분	Key Stage 1	Key Stage 2	Key Stage 3	Key Stage 4	비고
영어(English)	○	○	○	○	
수학(Mathematics)	○	○	○	○	핵심과목
과학(Science)	○	○	○	○	

단계 구분	Key Stage 1	Key Stage 2	Key Stage 3	Key Stage 4	비고
디자인 및 기술 (DT : Design and Technology)	○	○	○		비핵심 과목
정보통신기술 (ICT : Information and Communication Technology)	○	○	○	○	
역사(History)	○	○	○		
지리(Geography)	○	○	○		
현대외국어 (Modern Foreign Language)		◎	○		
미술과 디자인 (Art and Design)	○	○	○		
음악(Music)	○	○	○		
체육(PE : Physical Education)	○	○	○	○	
시민교육(Citizenship)	◎	◎	○	○	
종교교육(Religious Education)	○	○	○	○	기타과목
직업교육(Careers Education)				○	
성교육(Sex Education)			○	○	
직업관련교육 (Work-related Learning)				○	
개인사회보건교육 (PSHE : Personal, Social and Health Education)	◎	◎	◎	○	

○: 법정교과목(Statutory) / ◎: 비법정교과목(Non-statutory)

세계는 하나의 교실

Key Stage 4에서 학생들은 적어도 2개 이상의 GCSE과목을 이수하게 되는데, 대학을 가기 위해 치러지는 A-Level시험을 통과하기 위해서 단위 별로 80개 이상의 다양한 선택과목을 선택할 수 있도록 시간표를 편성한다. 이는 학생 개개인에 따라 지원하는 대학이나 과에서 이수해야 할 과목, 혹은 취득해야 하는 자격을 미리 정하는 것이라고 볼 수 있다. Key Stage 4의 GCSE과목을 살펴보면 다음 [표14]과 같다.

[표15] Key Stage 4의 GCSE과목

필수과목 (Full GCSE Course)	영어(English), 수학(Maths), 과학(Science), 디자인 및 기술(Design & Technology), 정보통신기술(ICT), 현대외국어(Modern Foreign Language), 체육(PE), 시민교육(Citizenship)
단기과목 (Short Course)	미술과 디자인(Art & Design), 디자인 및 기술(Design & Technology), 지리학(Geography), 역사(History), 정보통신기술(ICT), 현대외국어(Modern Foreign Language), 음악(Music), 체육(PE), 종교교육(Religous Education), 경영학(Business Studies), 전자공학(Electronics) 등 * 위 과목의 경우 2년 프로그램(Full GCSE) 대신 동일한 수준의 1년 프로그램의 Short Course 가 개설되어 선택이 가능.

GCSE 시험의 주관기관(Awarding Bodies)으로는 Edexel, OCR(Oxford, Cambridge and RSA Examinations), AQA(Assessment and Qualification Alliance), CCEA(The Northern Ireland Council for the Curriculum, Examinations and Assessment), WJEC(Welsh Joint Education Committee), CIE(Cambridge International Examinations)이 있으며 이 시험 주관기관 전체가 검증합동의회(Joint Council for General Qualification)를 구성하고 시험에 관한 협의 및 정보교환을 하고 있으며 대부분의 학교에서는 1개 이상의 시험 주관기관을 선

정하고 과목별로 담당교사가 학생들의 상황에 가장 적합하다고 생각하는 GCSE 교수요목(Syllabus)을 제공하는 주관기관을 선택하게 된다.

시험은 보통 11학년에 치르지만, 자격시험이기 때문에 반드시 그때 치러야 하는 것은 아니며 일 년에 두 번, 5월 중순~6월 말, 11월 ~1월에 시험이 진행된다. 5월 중순~6월 말에는 대부분의 과목에 대한 시험이 치러지며 시험 시간은 각 시험을 주관하는 기관에서 결정한다. 11월~1월에는 일부 과목에 대한 시험이 시행된다.

2) 국제중등교육자격검정시험: IGCSE(International General Certificate of Secondary Education)

국제중등교육자격검정시험인 IGCSE(International General Certificate of Secondary Education)는 영국의 GCSE를 케임브리지 대학에서 국제학생들을 위한 국제 커리큘럼으로 고안한 것이다. IGCSE는 9학년과 10학년에 걸쳐 진행이 되며, IGCSE를 수료한 학생들은 11학년부터 A-Level을 수료하거나 IB DP로 진학하게 된다.

IGCSE는 크게 Cambridge IGCSE와 Edexcel IGCSE로 구분되는데, 일부 학교들은 과학, 영어 등의 과목을 CIE 대신 Edexcel IGCSE로 보는 경우도 있다

IGCSE는 70여 개의 과목을 다루고 있으며 다음 교육프로그램으로 넘어가기 위해 학생들은 최소 5과목을 이수해야 한다. A-Level

프로그램으로 넘어가기 위해서는 GCSE와 마찬가지로 5과목 이상 C를 받아야 하며, 과목 하나를 이수할 때마다 개별적인 IGCSE 수료증을 받게 된다.

IGCSE 시험 과목은 아래와 같이 총 6가지로 분류된다.

○ Group 1 : Languages(언어계열)

○ Group 2 : Humanities and Social Sciences(인문·사회과학계열)

○ Group 3 : Sciences(과학계열)

○ Group 4 : Mathematics(수학계열)

○ Group 5 : Creative, Technical and Vocational(창의·기술계열)

○ Group 6 : ICT(공학계열)

IGCSE는 국제적인 교육제도인만큼 다양한 과목들을 지원하고 있으며, 현재에도 지속적으로 새로운 과목들을 추가하고 있다.

IGCSE는 아래와 같이 총 8등급(A*, A, B, C, D, E, F, U)으로 평가된다.

[표 16] IGCSE 평가등급

등급	A*	A	B	C	D	E	F	U
분할 점수	100~90	89~80	79~70	69~60	59~50	49~40	39~30	29~0

IGCSE 시험은 5~6월과 11~12월에 치러지며 거의 한 달 반에 걸쳐 시험을 본다. 대부분의 과목들은 대략 5~10개의 Paper로 구성되어 있어서 Paper 1, Paper 2 등으로 부른다. IGCSE에서는 시

험 중 계산기 사용이 허용이 되는데 수학, 물리 등의 과목 같은 경우 계산기 사용이 필수다. 그 대신 계산 과정 또한 점수를 부여하기 때문에 정확한 풀이와 정답을 모두 시험지에 적어야 높은 점수를 얻을 수 있다.

3) 대학 입시제도(A-Level)

A-Level이란 영어권 국가의 대학을 진학하고자 할 때 필요한 시험의 준비과정인 동시에 자격시험(Qualification)이다. 즉 영국 중등교육과정에서 대입자격을 부여하는 국가 자격가운데 Level 3에 해당되는 정규 과정이자 시험으로 12~13학년에 해당된다.

A-Level은 영국에서 1962년부터 대학입학시험으로 쓰이고 있으며 공식명칭은 GCE A-Level(General Certificate of Education Advanced Level)이다. 이는 중등학교 졸업 증명인 GCSE(General Certificate of Secondary Education)와 비교할 때 상급 중등교육이수 증명서 혹은 고등교육 입학자격증에 해당한다. 이 시험을 준비하고 치르는 과정을 식스폼(Sixth Form)이라고 하고 12학년을 Lower Sixth Form, 13학년을 Upper Sixth Form이라고 부르는데, GCSE를 마친 후 대학 진학을 원하는 학생은 이 Sixth Form이 개설된 학교들로 진학하여 3개 과목을 선택하여 공부하게 된다.

학생들은 이 과정에서 대학진학에 필요한 3가지의 교과목을 집중적으로 공부하게 되는데, 과목당 1년에 3단위(module), 2년 동안

6단위를 이수하게 되고 단위 별로 시험을 실시한다. A-Level은 첫 해 학습내용을 측정하는 AS(Advanced Subsidiary) Level과 다음 해의 학습 내용을 측정하는 A2 Level(Advanced GCE)로 구성되어 있으며, 학생들의 공부 영역을 늘리기 위해 A2 Level에서 선택한 3과목은 더 심화되고 어려운 시험을 출제하는 경향이 있다. A-Level의 자격증을 취득하기 위해서는 AS Level수료증과 A2 Level수료증을 모두 취득해야 하며, 현재 A-Level은 총 3개의 기관, OCR(Oxford, Cambridge, and RSA), AQA(Assessment and Qualifications Alliance), Edexcel이 주관하고 있다.

[표 17] AS Level 및 A2 Level의 교과목

| AS Level 및 A2 Level의 교과목 | 미술과 디자인(Art and Design), 생물학(Biology), 경영학(Business Studies), 화학(Chemistry), 고전문명학(Classical Civilization), 연극(Drama), 경제학(Economics), 영어(English), 환경공학(Environmental Science), 음식과 영양학(Food and Nutrition), 프랑스어(French), 지리학(Geography), 독일어(German), 그리스어(Greek), 역사(History), 미술사(History of Art), 정보통신기술(ICT), 라틴어(Latin), 법학(Law), 수학(Mathematics), 심화수학(Further Mathematics), 음악(Music), 사진학(Photography), 물리학(Physics), 정치학(Politics), 심리학(Psychology), 종교교육(Religious Studies), 스페인어(Spanish), 스포츠공학(Sports Science), 직물(Textiles) |

PART 05 국제 교육프로그램의 세부 분석

각각의 프로그램별의 특성상 교과목을 비교 분석하기에는 어려운 점이 있다. 영어 또한 나라별 모국어 및 외국어로 분류되므로 적절한 비교 대상의 교과목이 될 수가 없어 중등 수학 교육프로그램을 비교해보려고 한다. 하나의 교과목의 비교로 전체 교육프로그램의 특징을 살펴볼 수는 없겠지만, 이 비교를 통해 대략적인 프로그램의 목적 및 접근 방식에 대해 이해를 돕고자 한다. 특히 국내 교육은 많은 수학 포기자를 양산하고 있고, 수학에 대한 그릇된 인식과 교육 때문에 이공계과목을 기피하거나 등한시 하게 되는 경우가 많다. 이러한 이유로 각각의 개별 프로그램에서 행해지고 있는 중등 수학 프로그램의 내용 등을 살펴보려고 한다.

1. 중등 수학 프로그램의 분석

1) IB MYP 수학 교육프로그램

[표 18] IB MYP 수학교육프로그램

	6학년	7학년	8학년	9학년
기하		•둘레, 면적, 표면적 및 부피 •수학 및 기하학의 패턴 •비슷한 숫자와 비율 •축척 계수 •평행선의 각도	•피타고라스의 정리 적용하기 •분석 면적, 표면적 및 부피 •누락된 각도 찾기 •다양한 2차원 및 3차원 형상 해석 및 응용 •기하학적 컨텍스트에서 대수 개념 적용	•유사성 및 합병, 스케일 인자 포함 •삼각형, 사변형, 원 및 다각형을 분류하고 속성에 대한 이해 •둘레, 면적, 표면적 및 부피 계산 •특수 직각 삼각형, 직각 삼각형 삼각법 및 비 직각 삼각형에 대한 사인 및 코사인 규칙을 포함하는 삼각형 형상
통계와 확률	•확률의 기본 어휘와 개념 이해 •다양한 수준의 상황에서 확률을 계산하고 논의 •단일 및 다중 사건의 확률을 해결 •공정성에 대한 기회의 게임 분석 •대수 표현에서 변수와 상수 정의 •대수 표현과 대수 방정식의 차이점 이해 •대수 표현과 수식을 평가 •대수 표현으로 단어 번역하기 •일반적인 패턴과 특수한 경우 작성	•확률의 기본 개념 •데이터 수집 및 디스플레이 •평균, 중간 값, 모드 및 스프레드 측정		•세트 및 벤 다이어그램 •이산 및 연속 데이터 세트 •경향 측정(평균, 중앙값, 모드) •데이터 표시를 통한 데이터 비교 •샘플 공간 및 확률 •다이어그램을 사용하여 확률 문제 해결 •산점도와 최적의 라인

	6학년	7학년	8학년	9학년
수체제	• 패턴을 식별한 다음 패턴을 설명하는 대수 표현식이나 수식을 작성 • 그래프 대수 공식 • 정수와 소수 자릿수를 읽고 사용 • 정수와 소수를 비교하고 순서 매기기 • 정수와 소수를 덧셈, 뺄셈, 곱셈, 나눗셈 하기 • 정수와 소수 자릿수 이해 • 10의 거듭 제곱으로 곱셈 및 나눔 • 숫자에 대한 표준 및 과학적인 표기법의 사용을 이해 • 모형과 알고리즘을 사용하여 정수와 10 진수 표현을 단순화 • 합성수의 소수 분해 • 가장 큰 공통 인자와 숫자 집합의 최소 공통 배수 구분 • 동등한 분수를 사용하여 비율 풀이 • 혼합 숫자 및 분수에 대해 구별 • 혼합 숫자와 분수 사이의 변환 • 숫자 라인에서 분수를 찾고 비교하여 순서화	• 분계 규칙, 배수 및 요인을 포함한 수 이론 • 숫자의 유형 • 지수 및 평방근 • 양수 및 음수 • 합리적인 수 측정		• 방정식과 그래프를 이용한 함수 변환 • 그래프상의 도형의 기하학적 개념 이해

	6학년	7학년	8학년	9학년
표현과 방정식	•분수 / 혼합 숫자 / 정수를 더하기, 빼기, 곱하기 및 나누기 •지수 형식의 구성 요소를 작성하고 식별 •지수 형태로 반복된 곱셈을 나타내기 •지수 형식으로 작성된 표현식 평가 •백분율을 정의 •읽기, 쓰기 및 전체 숫자의 퍼센트 식별 •분수, 백분율 및 소수 사이의 변환 •정수, 소수, 분수 및 퍼센트와 관련된 단어 문제해결	•비율 •운영 명령 •정수 및 변수를 사용한 연산 •표현식 단순화 및 방정식 풀기 •방정식과 부등식	•수에 대한 이해 •대수 연산 •방정식 풀기 •선형 방정식 분석 •선형 부등식 해결 •방정식 시스템 풀기 •기울기 이해 및 발견 •절편 찾기 •선형 방정식 작성하기 •선형 방정식 및 부등식 그래프 작성 •그래프로 시스템 이해및 해결 •지수 법칙 적용하기 •기하급수적인 성장 및 부식 문제 분석 •다항식에 대한 연산 수행 •팽창 이항법 •3차 항의 문제해결 •2차 방정식을 풀고 그래프로 나타내기	•과학적 표기법 •지수 법칙 적용 •표현식을 단순화하고 지수로 문제를 해결 •수에 대한 분류 •수의 가치를 추정 및 단순화 •급진적 방정식으로 연산, 그래프 및 문제 수행 •표, 그래프, 표현식 및 방정식에서 선형 관계 탐색 •평행선, 수직선, 수평선, 수직선을 포함한 선의 기울기 •그래프의 절편과 교차점에 대한 이해 •선형 방정식 및 시스템 풀기 •선형 및 비선형식 구분 •대수적 분수 •다항식의 개념 이해하기 •다항식의 연산 •다항식과 단항식의 연산 •2차 표현식 확장 및 단순화

비율과 비례 관계		•단위와 비율 이해 •그래프와 표현의 변화율 •비율을 사용하여 문제 해결 •종속 변수 및 독립 변수 •좌표 평면에서 위치 •방정식으로 그래프 작성 혹은 그래프에서 방정식 작성		

2) 미국 중등 수학 교육프로그램

[표 19] 미국의 중등 수학 교육프로그램

	6학년	7학년	8학년
기하	•실생활의 문제와 면적, 표면적, 부피를 포함한 수학적 문제를 해결	•기하학적 형태를 그리고 작도하고 묘사한다. 그것들 간의 관계 묘사 •실생활 문제와 면적, 표면적, 부피를 포함한 수학적 문제 해결	•물리적 모델, 기하 소프트웨어를 이용해서 합동과 닮음을 이해 •피타고라스 정리를 이해하고 적용 •실생활 문제와 원기둥, 원뿔, 구의 부피를 포함한 수학적 문제를 해결
통계와 확률	•통계 다양성의 이해 및 발전 •분포의 요약 및 설명	•인구조사에 관한 추론을 위한 랜덤 샘플링 이용 •두 가지 인구조사에 관한 비공식 비교 추론	•이변수의 연관성 패턴 조사

수체제	•분수의 나눗셈을 위해 앞에서 이루어진 곱셈과 나눗셈의 이해를 적용하고 확장 •계산을 능숙하게 하고 공약수와 공배수 찾기 •앞에서 이루어진 수의 이해를 유리수 체계로 확장하고 적용	•앞에서 이루어진 분수의 덧셈, 뺄셈, 곱셈 그리고 나눗셈 연산의 이해를 확장하고 적용	•유리수가 아닌 수들이 있다는 것을 알고 유리수를 이용한 대략적 표현
표현과 방정식	•앞에서 이루어진 수의 계산의 이해를 대수적 표현으로 확장 및 적용 •일변수방정식과 부동식에 관해 추론 및 해결 •종속변수와 독립변수 간의 양적관계를 표현 및 분석	•등식이 성립하도록 하는 표현식의 연산 성질을 이용 •숫자와 대수적 표현 방정식을 이용해서 실생활 문제와 수학적 문제 해결	•유리수와 정수, 지수에 대한 이해 •비율관계, 직선, 일차방정식들 간의 연결성을 이해 •일차방정식과 연립 일차방정식을 분석하고 해결
비율과 비례관계	•비율개념을 이해하고 문제해결을 위해 비율 추론을 이용	•비율관계를 분석하고 실생활 문제와 수학적 문제 해결을 위해 그것을 활용	
함수			•함수를 정의하고, 평가하여 비교 •양적관계를 모델화하기 위한 함수의 이용

3) 영국 중등 수학 교육프로그램

영국의 수학 교육프로그램은 수학적 지식(Knowledge), 기능(Skills), 이해(Understanding)의 달성을 가장 궁극적인 목표로 상정하고 있고 이를 근간으로 하여 영역별 및 성취수준별 목표를 설정하고 있다.

한국 중등 교육프로그램에 해당하는 Key Stage 3에서는 분수, 퍼센트, 소수를 이용하여 계산하는 방법을 익히고, 비율을 이용한 문제해결의 중요성을 인식하며, 대수적 공식과 기호를 자신 있게 사용하도록 한다. 이로써 학생들은 간단한 방정식을 만들어 풀고, 일차함수와 그래프에 대하여 이해하게 되며, 자신의 사고프로그램을 말이나 글로 상대방에게 설명함으로써 수학적 지식에 대한 의사소통할 수 있는 능력을 기르는데, 이로써 수학에 자신감을 갖고 수학이란 학문 내의 여러 영역의 연계성을 인식하게 되는 것이다.

[표 20] 영국의 중등 수학 교육프로그램

	7학년	8학년	9학년
기하	•삼각형, 사다리꼴, 평행사변형의 둘레 및 면적, 직육면체, 정육면체, 원통 및 기타 각 기둥의 면적과 관련된 문제를 계산하고 해결하기 위한 공식의 도출 •원을 포함한 2D 도형의 둘레, 복합 도형의 면적 관련 문제 계산 및 해결 반직선 및 각도의 측정 및 생성 •눈금자 및 컴퍼스의 사용하여 수직거리 및 최단거리 측정 •기존 용어와 표기법을 사용한 평행선, 수직선, 직각, 정다각형, 그리고 그 외 회전대칭다각형의 생성 및 설명 •표준 규칙에 따른 삼각형 ABC의 옆면과 각도에 대한 명명 및 삼각형의 합동에 대한 기준 사용 •삼각형, 사변형, 원 및 기타 평면도형)의 특성을 적절한 용어를 사용하여 도출 및 생성 •주어진 도형에 적용된 변환, 회전 및 반사의 특성 식별 •합동삼각형의 식별 및 생성, 좌표격자를 포함 혹은 포함하지 않고 확대하여 유사한 도형 생성 •점 혹은 수직선상의 점에 반대되는 각도의 적용 평행선과 엇각, 대응각 간 관계의 이해 및 사용	•삼각형 각도의 합 도출 및 사용, 이를 다른 다각형의 각도 추론을 위해 사용 •사각형의 각도, 삼각형의 합동, 유사성 및 특성을 적용하여 각도와 측면에 대한 결과 도출 •닮은꼴 삼각형에 피타고라스의 이론(a2 = b2 + c2)과 삼각비(SOHCAHTOA)를 사용하여 직각 삼각형의 문제 해결	•원통을 포함한 각기둥의 부피 문제 계산과 해결 방법 유도 및 적용 •원을 포함한 2D 도형의 둘레, 복합 도형의 면적 관련 문제 계산 및 해결 •눈금자 및 컴퍼스의 사용하여 수직거리 및 최단거리 측정 •기존 용어와 표기법을 사용한 평행선, 수직선, 직각, 정다각형, 그리고 그 외 회전대칭다각형의 생성 및 설명 •주어진 도형에 적용된 변환, 회전 및 반사의 특성 식별 •좌표격자를 포함 혹은 포함하지 않고 확대하여 유사한 도형 생성 •평행선과 엇각, 대응각 간 관계의 이해 및 사용 •수학적 관계를 대수적 및 기하학적으로 해석

	7학년	8학년	9학년
기하	• 삼각형의 각도의 합을 도출하여 사용하고 이를 이용한 다각형의 각도 합을 추론 및 정다각형의 면적 도출 • 피타고라스의 이론을 포함하여 각도 및 측면에 대한 결과 도출을 위한 사변형의 각도, 합동 삼각형, 유사성 및 특성 적용 • 피타고라스의 이론과 삼각비 정의 공식을 사용하여 직각삼각형 관련 문제 해결 • 정육면체, 직육면체, 각기둥, 원통, 구의 면, 곡면, 모서리, 꼭짓점의 속성을 사용하여 3-D로 문제 해결 • 수학적 관계를 대수적 및 기하학적으로 해석		
통계와 확률	• 적절한 용어와 0-1 확률척도를 사용한 단순한 확률실험의 기록, 설명 및 분석 • 가능한 모든 결과에 대한 확률의 합이 1이라는 것에 대한 이해 • 표, 좌표 및 벤 다이어그램을 사용하여 집합, 합집합, 교집합을 체계적으로 열거 • 단일사건 및 복합사건에 대한 이론적 표본공간의 창출 및 이론적 확률 계산 • 적절한 그래픽 표현을 통한 관측된 단일변수의 분포 설명, 분석 및 비교	• 적절한 용어와 0-1 확률척도를 사용한 단순한 확률실험의 기록, 설명 및 분석 • 표, 좌표 및 벤 다이어그램을 사용하여 집합, 합집합, 교집합을 체계적으로 열거 • 단일사건 및 복합사건에 대한 이론적 표본공간의 창출 및 이론적 확률 계산 • 막대 차트, 원형 차트 등을 포함한 다양한 표, 차트, 다이어그램의 생성 • 관측 혹은 실험 상황에 따른 두 변수의 간단한 수학적 관계의 설명 및 분산 그래프를 이용한 설명	• 적절한 용어와 0-1 확률척도를 사용한 단순한 확률실험의 기록, 설명 및 분석 • 표, 좌표 및 벤 다이어그램을 사용하여 집합, 합집합, 교집합을 체계적으로 열거 • 단일사건 및 복합사건에 대한 이론적 표본공간의 창출 및 이론적 확률 계산 • 막대 차트, 원형 차트 등을 포함한 다양한 표, 차트, 다이어그램의 생성 • 관측 혹은 실험 상황에 따른 두 변수의 간단한 수학적 관계의 설명 및 분산그래프를 이용한 설명

	7학년	8학년	9학년
통계와 확률	• 막대 차트, 원형 차트 등을 포함한 표, 차트, 다이어그램의 생성 및 해석 • 관측 혹은 실험 상황에 따른 두 변수의 간단한 수학적 관계의 설명 및 분산그래프를 이용한 설명		
수체제	• 소수, 정수 개념의 이해 및 사용 • 양의 정수, 음의 정수, 소수, 분수 정렬 • =, ≠, 〈, 〉, ≥, ≤ 등의 기호 사용 • 소수, 약수, 공약수, 공배수, 최대공약수, 최소공약수, 소인수분해 개념의 이해 및 사용 • 소수, 약수, 공약수, 공배수, 최대공약수(HCF), 최소공약수(LCM), 소인수분해 개념의 이해 및 사용 • 괄호, 근호 및 역수를 사용한 사칙연산 • 연산과 역연산의 관계 이해 및 사용 • 정수의 거듭제곱 및 관련 실수근(제곱근, 세제곱근 등)의 사용, 2/3/4/5 거듭제곱에 대한 이해, 근호 및 관련 소수근 사치에 대한 정확한 표기법 구분 • n이 양의 정수 혹은 0일 때, A x 10n 1 ≤ A 〈 10 형식에서 숫자의 해석 및 비교 • 종료 소수점 및 해당 분수(3.5 and 7/2 or 0.375 and ⅜등)와 상호 교환		

	7학년	8학년	9학년
수체제	•퍼센티지를 '백분율 (parts per hundred)' 로 정의, 백분율 및 변화율을 소수로 해석, 곱셈으로 해석, 분량을 백분율로 표현 및 이를 사용한 두 분량의 비교 등 •분수 및 비율을 연산자로 해석 •십진수를 포함한 양, 길이, 시간, 돈 등의 표준 단위 사용 •어림수와 측정법을 사용한 정확한 결과 계산 •반올림을 통한 근사치를 사용하여 답을 추정하고 부등식 표기법인 a < x ≤ b 를 사용하여 나올 수 있는 오류의 계산 •계산기 및 다른 기술을 사용하여 정확한 결과를 계산하고 적절하게 해석 •정수(integers), 실수 (real numbers)와 유리수(rational numbers) 집합의 무한한 본질에 대한 탐구	•괄호, 근호, 역수, 그리고 양수와 음수를 모두 포함한 진분수 및 가분수를 사용한 사칙연산의 사용 •n이 양의 정수 혹은 0일 때, A x 10n 1 ≤ A < 10 형식에서 숫자의 해석 및 비교 •정수(integers), 실수(real numbers)와 유리수(rational numbers) 집합의 무한한 본질에 대한 탐구	•소수, 약수, 공약수, 공배수, 최대공약수 (HCF), 최소공약수 (LCM), 소인수분해 및 독특한 소인수 분해 속성 및 결과표 기법의 사용 등의 개념 이해 및 사용 •괄호, 근호, 역수, 그리고 양수와 음수를 모두 포함한 진분수 및 가분수를 사용한 사칙연산의 사용 •백분율과 백분율의 변화를 분수 혹은 소수로 해석 •백분율 및 변화율을 소수로 해석, 곱셈으로 해석, 분량을 백분율로 표현 및 100%보다 큰 백분율을 사용하여 두 분량의 비교 •분수 및 비율을 연산자로 해석 •반올림을 통한 근사치를 사용하여 답을 추정하고 부등식 표기법인 a < x ≤ b를 사용하여 나올 수 있는 오류의 계산

	7학년	8학년	9학년
표현과 방정식	•다음을 포함한 대수학 표기법의 사용 및 해석 üa × b 대신 ab üy + y + y와 3 ×y 대신 3y üa × a 대신 a², a ×a ×a 대신에 a³, a ×a ×b 대신 a²b üa ÷b 대신 b/a ü 소수보다는 분수로 표기된 계수 ü 대괄호 •공식, 방정식, 부등식, 용어 및 요인에 대한 개념과 어휘의 이해 및 사용 •표준 수학 공식을 이해 및 사용; 그래프를 사용한 공식의 재정렬 •동류항의 수집 •괄호를 이용한 단일항의 곱셈 •공약수의 구분 •수학적 관계를 대수적 및 그래픽적으로 해석 •재배열이 필요한 변수 내의 선형 방정식을 대수적해법을 사용하여 해결 •4사분면의 모든 좌표 사용 •데카르트 평면 및 x와 y의 방정식을 사용하여 일차함수 및 이차함수 그래프 생성 •선형 방정식을 표준 공식 $y = mx + c$로 변경 •그래프를 사용하여 x의 주어진 값에 대한 y의 값을 추정하고 일차방정식의 적절한 해답 발견 •등차수열 및 등비수열 등의 구분	•계수 등의 대수학 표현법의 이해 및 사용 •등가의 유지를 위해 둘 혹은 그 이상의 이항식의 결과 확대를 통하여 대수학 표현법의 단순화 및 조작 •표준 수학 공식의 이해 및 사용; 공식의 재정렬 •하나의 변수 내의 선형 방정식을 대수적 해법을 사용하여 해결 •데카르트 평면 및 x와 y의 방정식을 사용하여 하나의 변수를 포함한 선형 및 2차함수 그래프 생성 •수학적 관계를 대수적 및 그래픽적으로 해석 •선형 및 2차함수 그래프를 사용하여 주어진 x의 값에 대한 y의 추정 •구간적 선형, 지수, 상호 그래프를 포함한 다양한 함수 그래프에 알맞은 결과 도출 •등비수열을 인식하고 이외 발생하는 숫자배열 탐구	•공통인자의 제거를 통하여 등가의 유지를 위해 대수학 표현법의 단순화 및 조작 •재배열이 필요한 변수 내의 선형 방정식을 대수적 해법을 사용하여 해결 •데카르트 평면 및 x와 y의 방정식을 사용하여 일차함수 및 이차함수 그래프 생성 •주어진 선형 방정식을 표준 공식 $y = mx + c$로 변경하여 감소 •그래프의 경사도 이해 및 산출 •등차수열의 구분 •수학적 관계를 대수적 및 그래픽적으로 해석

	7학년	8학년	9학년
비율과 비례관계	•관련 표준 단위를 자유로이 변경 (예: 시간, 길이, 면적, 볼륨/용량, 질량) •축척 비율, 축척도 및 지도의 사용 분수 가 1보다 작거나 큰 경우 한 수량을 다른 수량의 분수로 표현 •가장 간단한 형태의 비율 표기법 사용 •주어진 양을 주어진 파트에서 두 부분으 로 나눈 후 비율로 표현 •두 수량 사이의 곱셈 관계가 비율 또는 분수로 표현될 수 있 다는 것을 이해 •백분율의 변화와 관련된 문제의 해결: 백분율 증감	•두 수량 사이의 곱셈 관계가 2 이상의 분수 ½×3 = 3 으로 표현될 수 있다는 것 이해 •그래픽·대수표현을 포함한 정비례($\propto$) 및 역비례($1/\propto$) 관련 문제 해결 •비율표현과 결합 연산 을 함수의 산술 연산 및 선형함수와 연결 •문제 해결을 위해 속도, 단가, 질량 등 의 복합단위 사용	•척도인자, 척도도, 척도지도의 사용 •주어진 양을 둘로 나누어 비율로 설명

4) 한국 중등 수학 교육과정

한국의 중학교 수학 교육과정은 크게 수와 연산, 문자와 식, 함수, 기하, 확률과 통계의 5개 영역으로 구성된다. 수와 연산 영역에서는 정수, 유리수, 실수의 개념과 사칙계산을, 문자와 식 영역에서는 식의 계산, 일차방정식과 일차부등식, 연립일차방정식, 이차방정식을, 함수 영역에서는 좌표평면, 그래프, 정비례와 반비례, 함수 개념, 일차함수, 이차함수를, 기하 영역에서는 평면도형과 입체도형의 성질, 삼각형과 사각형의 성질, 도형의 닮음, 피타고라스 정리, 삼각비, 원의 성질을, 마지막으로 확률과 통계 영역에서는 자료의 정리와 해석, 확률의 개념과 기본 성질, 대푯값과 산포도, 상관관계를 다룬다.

중학교 수학 교육과정에서는 학생들이 사회 및 자연 현상을 수학적으로 관찰, 분석, 조직, 표현하는 경험을 통하여 수학의 개념, 원리, 법칙과 이들 사이의 관계를 이해하고, 수학의 기능을 습득하며, 수학적으로 추론하고 의사소통하는 과정을 통해 창의적 사고와 정보 처리 능력을 바탕으로 문제를 합리적이고 창의적으로 해결하는 것을 목표로 하고 있다.

[표 21] 한국 중등 수학교육과정 영역 및 내용

영역	핵심 개념	일반화된 지식	내용 요소			기능
수와연산	수의 체계	• 수는 방정식의 해의 존재를 보장하기 위해 정수, 유리수, 실수 등으로 확장된다	• 소인수 분해 • 정수와 유리수	• 유리수와 순환 소수	• 제곱근과 실수	• 이해하기 • 계산하기 • 판단하기
	수의 연산	• 각각의 수 체계에서 사칙계산이 정의되고 연산의 성질이 일관되게 성립한다				
문자와식	다항식	• 문자를 통해 수량 관계를 일반화함으로써 산술에서 대수로 이행하며, 수에 대한 사칙연산과 소인수분해는 다항식으로 확장되어 적용된다	• 문자의 사용과 식의 계산	• 식의 계산	• 다항식의 곱셈과 인수분해	• 표현하기 • 계산하기 • 문제해결하기 • 이해하기 • 활용하기 • 검토하기
	방정식과 부등식	• 방정식과 부등식은 양 사이의 관계를 나타내며, 적절한 절차에 따라 이를 만족시키는 해를 구할 수 있다	• 일차 방정식	• 일차 부등식과 연립 일차 방정식	• 이차 방정식	

영역	핵심 개념	일반화된 지식	내용 요소			기능
함수	함수와 그래프	• 변화하는 양 사이의 관계를 나타내는 함수는 대응과 종속의 의미를 포함하며, 그래프는 함수를 시각적으로 표현하는 도구이다	• 좌표평면과 그래프	• 일차함수와 그래프 • 일차함수와 일차방정식의 관계	• 이차함수와 그래프	• 이해하기 • 해석하기 • 표현하기 • 그래프 그리기 • 문제 해결하기
기하	평면도형	• 주변의 형태는 여러 가지 평면도형으로 범주화 되고, 각각의 평면 도형은 고유한 성질을 갖는다	• 기본 도형 작도와 합동 평면도형의 성질	• 삼각형과 사각형의 성질 • 도형의 닮음 • 피타고라스 정리	• 삼각비 원의 성질	• 이해하기 • 설명하기 • 작도하기 • 판별하기 • 계산하기 • 문제해결 하기 • 추론하기 • 정당화 하기
	입체도형	• 주변의 형태는 여러 가지 입체도형으로 범주화 되고, 각각의 입체도형은 고유한 성질을 갖는다	• 입체도형의 성질			
확률과 통계	확률	• 사건이 일어날 가능성을 수치화한 확률은 정보화 사회의 불 확실성을 이해하는 중요한 도구이다		• 확률과 그 기본 성질		• 표현하기 • 수집하기 • 정리하기 • 그래프 그리기 • 표 만들기 • 해석하기 • 설명하기 • 계산하기 • 판단하기
	통계	• 자료를 수집, 정리, 해석하는 통계는 합리적인 의사 결정을 위한 기초자료를 제공한다	• 자료의 정리와 해석		• 대푯값과 산포도 상관관계	

① 수와 연산

수는 방정식의 해의 존재를 보장하기 위해 정수, 유리수, 실수 등으로 확장되고, 각각의 수 체계에서 사칙계산이 정의되고 연산의 성질이 일관되게 성립한다. 수는 수학에서 다루는 가장 기본적인 개념으로, 실생활뿐 아니라 타 교과나 수학의 다른 영역을 학습하는 데 필수적이다. 또한 수의 연산은 수학 학습에서 습득해야 할 가장 기본적인 기능 중 하나로, 이후 학습을 위한 기초가 된다.

[표 22] 수와 연산 관련 학습내용

학습요소	내용
소인수분해	• 소인수분해의 뜻을 알고, 자연수를 소인수분해 할 수 있다 • 최대공약수와 최소공배수의 성질을 이해하고, 이를 구할 수 있다
정수와 유리수	• 양수와 음수, 정수와 유리수의 개념을 이해한다 • 정수와 유리수의 대소 관계를 판단할 수 있다 • 정수와 유리수의 사칙 계산의 원리를 이해하고, 그 계산을 할 수 있다
유리수와 순환소수	• 순환소수의 뜻을 알고, 유리수와 순환소수의 관계를 이해한다
제곱근과 실수	• 제곱근의 뜻을 알고, 그 성질을 이해한다 • 무리수의 개념을 이해한다 • 실수의 대소 관계를 판단할 수 있다 • 근호를 포함한 식의 사칙계산을 할 수 있다

② 문자와 식

문자는 수량 관계를 명확하고 간결하게 표현하는 수학적 언어이다. 문자를 통해 수량 사이의 관계를 일반화함으로써 산술에서 대수로 이행하며, 수에 대한 사칙연산과 소인수분해는 다항식으로 확장되어 적용된다. 또한 방정식과 부등식은 양 사이의 관계를 나타내며, 적절한 절차를 따라 이를 만족시키는 해를 구할 수 있다. 문자는 수학적 의사소통을 원활히 할 수 있도록 도와주고, 문자를 이용한 방정식과 부등식은 여러 가지 문제를 해결하는 중요한 도구가 된다.

[표 23] 문자와 식 관련 학습내용

학습요소	내용
문자의 사용과 식의 계산	• 다양한 상황을 문자를 사용한 식으로 나타낼 수 있다 • 식의 값을 구할 수 있다 • 일차식의 덧셈과 뺄셈의 원리를 이해하고, 그 계산을 할 수 있다
일차방정식	• 방정식과 그 해의 의미를 알고, 등식의 성질을 이해한다 • 일차방정식을 풀 수 있고, 이를 활용하여 문제를 해결할 수 있다
식의 계산	• 지수법칙을 이해한다 • 다항식의 덧셈과 뺄셈의 원리를 이해하고, 그 계산을 할 수 있다 • '(단항식)×(다항식)', '(다항식)÷(단항식)'과 같은 곱셈과 나눗셈의 원리를 이해하고, 그 계산을 할 수 있다
일차부등식과 연립일차방정식	• 부등식과 그 해의 의미를 알고, 부등식의 성질을 이해한다 • 일차부등식을 풀 수 있고, 이를 활용하여 문제를 해결할 수 있다 • 미지수가 2개인 연립일차방정식을 풀 수 있고, 이를 활용하여 문제를 해결할 수 있다

다항식의 곱셈과 인수분해	• 다항식의 곱셈과 인수분해를 할 수 있다
이차방정식	• 이차방정식을 풀 수 있고, 이를 활용하여 문제를 해결할 수 있다

③ 함수

변화하는 양 사이의 관계를 나타내는 함수는 대응과 종속의 의미를 포함하며, 그래프는 함수를 시각적으로 표현하는 도구이다. 여러 가지 현상에서 관찰할 수 있는 규칙 중에는 한 값이 변하면 다른 값도 일정한 규칙에 따라 변하는 것들이 많이 있다. 함수는 다양한 변화 현상 속의 수학적 관계를 이해하고 표현함으로써 여러 가지 문제를 해결하는 데 도움이 된다.

[표 24] 함수 관련 학습내용

학습요소	내용
좌표평면과 그래프	• 순서쌍과 좌표를 이해한다 • 다양한 상황을 그래프로 나타내고, 주어진 그래프를 해석할 수 있다 • 정비례, 반비례 관계를 이해하고, 그 관계를 표, 식, 그래프로 나타낼 수 있다
일차함수와 그래프	• 함수의 개념을 이해한다 • 일차함수의 의미를 이해하고, 그 그래프를 그릴 수 있다 • 일차함수의 그래프의 성질을 이해하고, 이를 활용하여 문제를 해결할 수 있다
일차함수와 일차방정식의 관계	• 일차함수와 미지수가 2개인 일차방정식의 관계를 이해한다 • 두 일차함수의 그래프와 연립일차방정식의 관계를 이해한다
이차함수와 그래프	• 이차함수의 의미를 이해하고, 그 그래프를 그릴 수 있다 • 이차함수의 그래프의 성질을 이해한다

세계는 하나의 교실

④ 기하

주변의 형태는 여러 가지 평면도형이나 입체도형으로 범주화되고 각각의 평면도형이나 입체도형은 고유한 성질을 갖는다. 평면도형 이나 입체도형의 성질에 대한 이해는 다양한 분야에서 실생활의 문제를 해결하는데 기초가 되며, 수학의 다른 영역의 개념과 밀접하게 관련되어 있다. 도형의 성질을 정당화하는 과정에서 요구되는 연역적 추론은 수학적 소양을 기르는데 도움이 된다.

[표 25] 기하 관련 학습내용

학습요소	내용
기본 도형	• 점, 선, 면, 각을 이해하고, 점, 직선, 평면의 위치 관계를 설명할 수 있다 • 평행선에서 동위각과 엇각의 성질을 이해한다
작도와 합동	• 삼각형을 작도할 수 있다 • 삼각형의 합동 조건을 이해하고, 이를 이용하여 두 삼각형이 합동인지 판별할 수 있다
평면도형의 성질	• 다각형의 성질을 이해한다 • 부채꼴의 중심각과 호의 관계를 이해하고, 이를 이용하여 부채꼴의 넓이와 호의 길이를 구할 수 있다
입체도형의 성질	• 다면체의 성질을 이해한다 • 회전체의 성질을 이해한다 • 입체도형의 겉넓이와 부피를 구할 수 있다
삼각형과 사각형의 성질	• 이등변삼각형의 성질을 이해하고 설명할 수 있다 • 삼각형의 외심과 내심의 성질을 이해하고 설명할 수 있다 • 사각형의 성질을 이해하고 설명할 수 있다
도형의 닮음	• 도형의 닮음의 의미와 닮은 도형의 성질을 이해한다 • 삼각형의 닮음 조건을 이해하고, 이를 이용하여 두 삼각형이 닮음인지 판별할 수 있다 • 평행선 사이의 선분의 길이의 비를 구할 수 있다
피타고라스의 정리	• 피타고라스 정리를 이해하고 설명할 수 있다

학습요소	내용
삼각비	• 삼각비의 뜻을 알고, 간단한 삼각비의 값을 구할 수 있다 • 삼각비를 활용하여 여러 가지 문제를 해결할 수 있다
원의 성질	• 원의 현에 관한 성질과 접선에 관한 성질을 이해한다 • 원주각의 성질을 이해한다

⑤ 확률과 통계

사건이 일어날 가능성을 수치화한 확률 그리고 자료를 수집, 정리, 해석하는 통계는 현대 정보화 사회의 불확실성을 이해하기 위한 중요한 도구이다. 다양한 자료를 수집, 정리, 해석하고, 확률을 이해함으로써 미래를 예측하고 합리적인 의사결정을 하는 민주 시민으로서의 기본 소양을 기를 수 있다.

[표 26] 확률과 통계 관련 학습내용

학습요소	내용
자료의 정리와 해석	• 자료를 줄기와 잎 그림, 도수분포표, 히스토그램, 도수분포다각형으로 나타내고 해석할 수 있다 • 상대도수를 구하며, 이를 그래프로 나타내고, 상대도수의 분포를 이해한다 • 공학적 도구를 이용하여 실생활과 관련된 자료를 수집하고 표나 그래프로 정리하고 해석할 수 있다
확률과 그 기본성질	• 경우의 수를 구할 수 있다 • 확률의 개념과 그 기본 성질을 이해하고, 확률을 구할 수 있다
대푯값과 산포도	• 중앙값, 최빈값, 평균의 의미를 이해하고, 이를 구할 수 있다 • 분산과 표준편차의 의미를 이해하고, 이를 구할 수 있다
상관관계	• 자료를 산점도로 나타내고, 이를 이용하여 상관관계를 말할 수 있다

세계는 하나의 교실

[표 27] 국내 및 해외 교육프로그램별 수학 교과목 비교

국내학년	영역	학습내용	미국	영국	IB
6학년	수와 연산	분수와 소수(분수로 나누기)	6	5,6	6
	도형	각기둥과 각뿔		10	
		원기둥과 원뿔		10	
		쌓기나무와 공간감각	6	8	
	측정	원주율과 원의 넓이	7	8,9	
		직육면체, 정육면체의 겉넓이와 부피	6	5~7	7
	규칙성	비와 비율	6	5,8,9	6,7
		비례식과 비례배분		8	
		정비례와 반비례		8	
	확률과 통계	비율그래프		6,8	6,7

국내학년	영역	학습내용	미국	영국	IB
중학교 1학년	수와 연산	소인수분해	6	5,8	6
		최대공약수, 최소공배수	6	6,7	6
		정수와 유리수의 개념, 대소관계, 사칙연산	6,7	6,8	6,7
	문자와 식	문자의 사용	6	7,8	6,7
		식의 값	6	6,8	6,7
		일차방정식의 덧셈과 뺄셈	6	7,8	6
		일차방정식	6~AL	7~9	6,7
	함수	함수의 개념	6~8	7	7
		순서쌍과 좌표	5	6,7	7
		함수의 그래프	7	7	8
	확률과 통계	도수분포표, 히스토그램, 도수분포다각형	6	8,10	7,9
		도수분포표에서의 평균		8,9	7,9
		상대도수의 분포			
	기하	점, 선, 면, 각	7	7,10	7
		점, 직선, 평면 사이의 위치관계		7	7
		평행선의 성질(동위각, 엇각)		8,10	8
		삼각형의 작도	7	9,10	9
		삼각형의 합동 조건	7~GE	9,10	9
		다각형의 성질		9,10	
		부채꼴에서 중심각과 호의관계		9,10	
		부채꼴에서의 호의 길이와 넓이		10	
		다면체, 회전체의 성질	7	10	
		입체도형의 겉넓이와 부피	6,GE	7,9,10	8

국내학년	영역	학습내용	미국	영국	IB
중학교 2학년	수와 연산	순환소수	7	8,9,10	7,8
		유리수와 순환소수의 관계	7	9,10	7
	문자와 식	지수법칙	6	8	7
		다항식의 덧셈과 뺄셈		8	8,9
		다항식의 곱셈과 곱셈공식		8	8,9
		다항식의 나눗셈			
		등식의 변형			
		연립일차방정식(미지수2개)	8~AL	9,10	9
		부등식의 성질과 일차부등식	7~AL	9,10	8
		연립일차부등식		9	8
	함수	일차함수의 의미와 그래프	8	8,10	
		일차함수의 활용		8,10	
		일차함수와 일차방정식의 관계		8,10	
	확률과 통계	경우의 수	7	8	7
		확률과 뜻과 기본 성질	7	7,8	7
		확률의 계산	7	7,8	7,8
	기하	이등변삼각형의 성질			9
		삼각형의 외심, 내심		9	
		사각형의 성질		8	9
		닮은 도형의 성질		9,10	
		삼각형의 닮음조건	8~GE	9,10	
		평행선 사이에 있는 선분의 길이와 비율		9	9
		닮은 도형의 성질 활용		9,10	

2.프로그램 별 입시 제도의 분석

[표 28] 국내 및 해외 교육프로그램별 입시제도 비교

대입 시험	형태	기관	채점자	산출	필터 시기	내신	내신반영
A-Level	전과목 논술형	OCR Edexcel AQA	교사	절대 평가	입학시 + 재학중	논술형 + 수행 평가	대입 미반영
AP/ SAT/ ACT	선다형 + 서술형	College Board	기계 + 채점관	절대 평가	입학시 + 재학중	논술형 + 수행 평가	대입에 반영
IB DP	전과목 논술형	IBO	교사	절대 평가	국가별 로 다름	논술형 + 수행 평가	IB 총점에 포함 반영
한국 수능	전과목 객관식	중앙 (한국 교육과정 평가원)	기계	상대 평가	입학 시	객관식 + 수행 평가	전형별로 다름

3. 프로그램 별 대학 입시에 미치는 영향

AP(Advanced Placement)프로그램과 IB DP(International Bacca-laureate Diploma Program)는 모두 대학 수준의 코스와 대학 학점을 취득할 수 있는 기회를 제공하는 고등교육프로그램이다. 그렇다면 AP와 IB DP의 가장 큰 차이점은 무엇일까? 차이점에 대해선 위에서 언급한 프로그램마다의 설명을 통해 각각의 교육목표와 평가 체제가 다르다는 것을 확인할 수 있었다.

IB DP는 AP보다 덜 일반적이다. 2014년의 경우 2백만 명이 넘는 학생들이 AP 시험에 응시했지만, IB DP의 경우에는 약 13만 5천 명만이 시험을 치렀다. 2017년 IB DP 응시자는 약 67만 명에 이르게 되었다. 이렇게 IB DP 응시생은 늘어나고 있는 추세이지만 IB 교육프로그램은 인증을 받은 학교에서만 제공할 수 있다는 단점이 있다. IB는 시험 자체뿐만 아니라 비판적 사고 능력을 개발하는 것에 교육중점을 두고 있어, IB DP졸업장을 획득하기 위해서는 교과목의 학습과 시험 외에 세 가지의 교과 외의 요구 조건을 만족시켜야 한다.

반면 AP는 학생들에게 구체적인 내용을 가르치고 시험을 통해서 지식을 테스트하는 것에 중점을 둔 프로그램이다. AP의 경우에는 수업에 등록하지 않고도 그 시험에 응시할 수 있지만, IB DP시험에 응시하려면 IB DP수업을 꼭 등록해야한다. 그렇기 때문에 학교에서 제공하지 않는 수업에서 다루고 있지 않은 주제에 대한 학습을 원한다면 AP프로그램을 통해 더 많은 유연성을 얻을 수 있다. IB

DP의 경우는 상위 레벨 및 표준 레벨 프로그램을 제공하며 IB DP를 수료하기 위해서는 최소 3개의 상위 레벨 프로그램을 수강해야 하는데 이와 같이 두 레벨로 나뉘어 제공되는 IB DP에는 미적분 및 물리와 같은 특정 과목에는 다양한 코스 옵션이 있지만 AP프로그램은 단일 레벨로만 제공된다.

대부분의 대학은 AP시험과 상위 레벨의 IB DP시험에는 학점을 부여하지만, 표준 레벨의 IB DP 시험에 대해서는 모든 학점을 인정하지는 않고 있다. 따라서 IB DP에서 3개의 상위 레벨 과정과 3개의 표준 레벨 과정을 수강할 시 동일한 6개의 AP프로그램보다 더 적은 학점을 받을 수 있다는 점을 명심해야 한다. 각 프로그램별 대학 학점 인정여부에 관하여 AP프로그램의 경우 AP컬리지데이터베이스(AP College Database)를 통하여 여러 대학의 AP학점 정책을 검색 할 수 있는데 IB에는 유사한 데이터베이스가 없기 때문에 개별적으로 검색하여 각 대학별 IB 학점 정책을 조회해야 한다. 이 프로그램을 통하여 학생들은 지원하고자 하는 대학에 따라 글쓰기와 광범위한 교육에 중점을 둔 IB와 학생들의 학습유연성에 중점을 둔 AP 중에서 선택 해야 한다.

미국의 SAT, ACT, AP는 긴 논술형 시험이 아닌 객관식과 단답형 및 짧은 에세이로 이루어져 있는데 이 시험들 모두 개별 프로그램을 이수할 필요는 없다. 즉, AP의 경우 실제 학교 수업을 듣지 않고 온라인 강좌를 수강하는 방식으로 준비를 해도 시험을 치르는 데 문제가 없다. 영국 대학의 경우 IB DP 점수만으로 학생을 선발하기도 하지만 미국 대학입시에서는 이러한 시험 점수 외에도 논술형 평가와 수행평가로 이루어진 내신 점수와 각종 비 교과활동들이 매우 중요하다.

우리나라에서도 IB에 대한 인지도와 대학입시 반영에 대한 관심도가 점차 확산되고 있는 추세이다. 현재 국내에서 IB 실시에 대한 본격적인 논의들이 전개되면서 IB DP는 대학 입시 전형에서 중요한 화두가 되어 가고 있다. 경기외고나 국내 학력을 인정해주는 제주도에 위치한 국제학교 등 IB DP를 마친 학생들의 경우 외국대학으로 진학하는 경우도 많지만, 수능 최저등급을 요구하지 않는 수시 일반전형으로 서울대, 연대, 고대, 성균관대, 카이스트를 비롯한 상위 대학에도 합격하고 있다. 국내 초·중등교육법을 따르지 않는 국제학교에서는 7등급 절대평가를 그대로 제출하지만, 공교육 범주 안에 있는 경기외고의 경우는 7등급 절대평가 점수와 9등급 상대평가 점수를 대입 지원 시 같이 제출한다. 서울대는 2005년부터 IB를 연구하기 시작했고 현재 IB 학생들에게도 입학의 문이 열려 있기 때문에 국내 학력을 인정받는 국제학교나 경기외고의 경우, IB DP 학생들을 수능 최저등급에 대한 요구가 없는 수시 일반전형으로 지난 수년간 합격시켜 왔다. 즉, 구체적인 IB DP 전형이 별도로 있는 것은 아니지만, 수능 최저등급 요구만 없으면 수시전형으로 얼마든지 입학할 수 있는 상태인 것이다.

한국과학기술대는 IB DP가 탁월한 프로그램이며 대학 공부를 위한 학문적 준비프로그램으로 바람직한 것으로 판단하고 있다. 한국과학기술대는 학문적인 능력과 연구와 개발에 대한 열정을 지닌 IB 학생들을 찾고 있으며, IB 학생들에게 고등학교 내내 수학과 과학을 공부하기를 요구하고 있다. 한국과학기술대는 현재 한국인이든 외국인이든 IB DP를 가진 학생들에게 입학의 문호를 개방하고 있다. 2017년, 2018년 모두 한국과학기술대는 일본과 싱가폴에서 열린 IB 글로벌 컨퍼런스의 대학 세션에 참가하여 IB DP를 수료한 전세계 학생들에게 한국과학기술대에 입학할 것을 권유하는 대학 입학설명회를 실시한 유일한 한국의 대학이다.

연세대학교에서도 IB DP를 수료한 학생들은 새로운 국제 교육 패러다임을 만들기 위해 학교에서 제공하는 GLDP(Global Leadership Division Program)에 지원할 수 있는 자격을 주고 있는데 이를 통해 연세대학교에서도 한국 문화와 언어를 배경으로 갖춘 특화되고 명성 있는 프로그램들을 제공하면서 뛰어난 능력을 겸비한 국제학생들을 끌어들이려 하는 것을 알 수 있다.

마치며

하버드 대학의 교육심리학과 교수이자 보스턴 의과대학 신경학과 교수인 하워드 가드너(Howard Gardner)는 유아원은 프랑스, 유치원은 이탈리아, 초등학교는 일본, 중학교 및 고등학교는 독일, 그리고 대학교는 미국에서 다니라고 언급한 적이 있다. 이렇게 어떤 나라의 교육프로그램도 그 단일 프로그램으로 완벽한 교육프로그램은 존재하지 않는다.

국제학교에서 마주하는 학부모님들께 왜 자녀들이 국제교육 프로그램으로 교육받기를 바라는 것인가에 대해 자주 질문을 했다. 그러나 대부분의 학부모님들은 명확한 대답을 하지 못했다. 그리고 학기 중간에 다른 학교로 전학을 희망하는 학부모님들 중 교육과정이 자신의 자녀와 맞지 않는다고 말하는 학부모님들도 많았다. 이 책은 이렇게 국제교육 프로그램에 관심 있는 학부모님들과 학생들의 전반적인 이해를 돕고자 시작한 책이다.

주요한 세 개의 교육 프로그램을 다루고자 하였기 때문에 각각의 세세한 설명을 하지 못한 점이 아쉽다. 그래도 이 책을 읽은 독자들이 국제교육프로그램들에 대강의 윤곽을 그려볼 수 있게 되었다면 소기의 목적을 달성한 것이며, 그런 이들이 많다면 매우 기쁘게 생각한다. 더 나아가 자녀에게 맞는 교육과정인지에 대해 따져보기 위해서는 자신의 자녀에 대한 이해와 함께 선택이 가능한 여러 교육 프로그램에 대한 이해가 선행되어야 한다.

각각의 교육프로그램들에는 프로그램마다의 장단점이 존재한다. 우리나라 현재의 공교육과 비교했을 때 프로그램마다의 차이가 있긴 하지만, 가장 큰 차이점은 학생들의 자율적이고 독립적인 학습 교과목 선택에 있다. 프로그램에 따라서 중등교육과정부터 학생들의 주도적인 선택에 의해서 교과목이 선정되고 있음을 알 수 있다. 교육환경에서부터 자기 주도적 학습이 자연스럽게 시작될 수 있도록 조성되어 있다. 고등교육과정에서는 더 전문적이고 세분화된 교과목의 선택을 요구하고 있다. 따라서 이러한 국제교육프로그램에서 학생들은 자기 자신의 적성과 대학에서의 전공과목 연계성을 살려서 과목을 선정할 수 있다. 그러므로 대학 입학 전부터 자신의 적성을 살린 깊이 있는 학문적인 접근을 시도할 수 있다.

2019년 제주교육청에서는 시범학교를 선정해서 IB DP를 운영하겠다는 계획을 발표하기도 했지만, 국제교육프로그램들의 공교육에서의 실행까지는 아직 많은 시행착오의 시간이 필요한 실정이다. 또한 공교육에서의 국제교육프로그램 운영이 우리 교육의 체질을 개

선시키는데 가장 획기적인 방안은 아닐 것이다. 특정 국제교육프로그램을 공교육에 도입하기 이전에 이 책에서 서술한 각 프로그램별 특징 및 장단점을 비교하여 우리나라에 적절한 형태로 변형하는 것이 최선이 아닐까 싶다.

국내 여러 시도 교육청의 IB프로그램 도입을 앞두고 후속 책에서는 IB프로그램에 대한 보다 자세한 정보와 이에 대한 저자들의 의견을 접할 수 있을 것이다.

국제 교육 프로그램 관련 용어 정리(A-Z)

ACT : American College Test의 약자로 연간 6회 보는 자격 고시 시험이며 ACT에서 주관하고 영어, 수학, 독해, 그리고 과학 과목에 대한 시험이 치러진다. 각 부분은 36점 만점으로, 4과목의 평균을 낸 후 총점이 계산된다.

AERO : American Education Reaches Out 프로젝트는 미국 교육부의 해외 학교 사무실에서 지원하는 것으로, 표준 기반 미국 교과 프로그램을 제공하는 국제적인 미국학교의 구현 프레임워크(Frame Work)를 구축하도록 돕는다.

A-LEVEL : Advanced Level의 줄임말로 영국에서 12학년에 AS(Advanced Subsidiary) 시험과 13학년에 A2 시험을 치르는 것으로 구성된다.

AP : Advanced Placement 미국의 대학 입시에 필요한 시험을 실시하는 College Board에서 주관하는 대학 프로그램 인증 시험 및 고급 교과프로그램이다. 2006년에 Chinese Language and Culture 과목이 추가된 이후 34개의 과목에 대한 시험이 진행된다. 매년 백만 명 이상의 학생들이 응시하는 전세계적인 시험으로 한국에서도 많은 학생들이 응시한다. 또한 AP는 단순히 시험만 실시하는 것이 아니라 학업성취수준 등을 설정하여 학교 전반의 교육 수준을 높이는데도 큰 역할을 하고 있다.

CAS : IB DP의 일환으로 완료해야하는 세 가지 필수요소 중 한 가지로, 창의성(Creativity), 신체활동(Action) 및 서비스(Service)의 영역을 포함하고 있다.

CASE : 창의성(Creativity), 신체활동(Action) 및 서비스(Service), 자기 역량강화 프로그램(Enrichment) 이렇게 네 개의 영역을 포함하고 있는 IB의 비교과 활동을 의미한다.

CCSS : 미국 전역의 공통 교과프로그램으로 핵심 내용을 요약해서 설명하면 비판적사고력(Critical Thinking), 의사소통(Communication), 협동(Collaboration), 창의력(Creativity), 컴퓨터 능력(Computer Technology)의 활용이라고 할 수 있다. 미국의 주별 학습 불균형을 연방정부 차원에서 통일된 공통학습 기준을 만들어 바로잡겠다는 것이 CCSS의 도입 이유이다.

CIS : Council of International Schools의 약자로 전문적인 서비스를 통해 국제 교육을 형성하기 위해 협력적으로 운영되고 있는 회원 커뮤니티이다.

COLLEGE BOARD : 칼리지 보드는 미국의 민간 비영리 법인으로 1900년에 설립되어 대학교육까지 영역을 확장하였다. 대학만의 협회가 아니라 6,000개가 넘는 학교, 단과 대학, 종합대학, 그 외 교육단체를 포함하는 교육기관들을 협회의 구성원으로 운영하고 있다. 칼리지 보드는 공인된 시험(SAT, AP, TOEFL) 및 대학교육 선수 학습능력과 대학입시제도의 한 부분으로 육성하기 위해 유치원부터 12학년에 사용되는 교과프로그램과 고등교육기관을 계발하고 관리한다.

DP : IB의 Diploma Program로 만 16~19세에 해당하는 학생들의 대학 입학과 연결되는 프로그램이다. 6개의 과목군을 선택하여 학습하고, 지식 이론(TOK), 창의력, 활동, 서비스 (CAS) 및 소논문(Extended Essay)를 작성하는 것이 프로그램의 핵심이다.

EE : Extended Essay. 소논문을 의미하며 IB DP의 수료를 위한 필수조건으로 학생 스스로 논문의 주제를 정해서 작성해야 하며 분량은 4,000자 정도이다.

ETS : Educational Testing Service. 비영리 단체로 영어 시험과 관련한 정보를 제공하며 연구를 수행하고 평가 프로그램을 개발하고 있다. 이를 위해 여러 교육 기관, 기업체 및 정부와 협력하고 있으며 전세계 180개 이상의 나라, 9,000여 개 장소에서 연간 5천만 개 이상의 시험을 개발하고 시행하며 채점하고 있다.

GCSE : 영국의 중등학교졸업자격시험(GCSE: Graduate Certificate of Secondary Education) 의 줄임말로 11학년에 보게 되어 있고, 통과 시에는 A-Level을 치를 자격이 주어진다.

HL : High Level의 약자로 IB DP에서 과목 수준의 분류이다.

IB :International Baccalaureate. 국제학력인증의 약자이다.

IBO : International Baccalaureate Organization. 국제학력인증기구로 스위스에 본부를 두고 있고 1968년에 DP를 제공하였으며, 1994년과 1997년에는 PYP와 MYP를 개발, 제공하고 있다.

LEARNER PROFILE : IB에서 제시하고 있는 학습자 상으로 10개의 항목으로 구성되어 있다.

MYP : IB Middle Years Program의 약자로 IB의 중등교육프로그램이다.

PERSONAL PROJECT : IB MYP의 마지막 학년인 10학년 학생들이 스스로 주제를 정해서 발표하는 학생 개별 프로젝트를 의미한다.

PYP : IB Primary Years Program의 약자이며 IB의 초등교육프로그램이다.

PYP EXHIBITION : IB PYP의 마지막에 시행되는 학생 전시회 프로젝트이다.

SAT : 연간 7회 시행되는 대학 입학 자격시험으로, 미국의 비영리민간단체인 칼리지보드(College Board)에서 시험 출제를 주관하고 ETS(Educational Testing Service)가 채점한다.

SL : Standard Level의 약자로 표준 레벨를 의미하며 HL과 마찬가지로 IB DP에서 과목 수준을 분류한다.

SSAT : Secondary School Admission Test는 전세계 사립중고등학교에서 학생 선발 시에 요구하는 시험 성적이다. SSAT는 수업에 따른 학생의 성취도를 평가하는 학교 내신과 달리 학생이 가진 학업능력 자체를 표준평가하기 위한 시험으로, 보편적으로 파악하기 어려운 학교의 수업수준과는 별개로 학생이 가지고 있는 잠재적인 학문적 능력을 판단하는 기준이 된다.

TOK : Theory Of Knowledge의 약자로 IB DP에서 학생들이 지식의 본질과 우리가 알고 있는 것을 어떻게 알 수 있는지를 생각할 수 있는 기회를 제공한다. 학생들은 발표 및 1,600자 정도의 에세이 작성이 요구되며 DP 교육 철학의 핵심 요소로 모든 학생들이 필수적으로 함양해야 한다.

WASC : Western Association of Schools and Colleges의 약자인 미국 서부 학교 및 대학 협회는 미국과 미국 교육을 바탕으로 한 외국 교육기관 소속의 국·공립 및 사립 종합·단과대학, 중·고등학교와 초등학교의 인증을 책임지고 있는 6개의 공식 교육 단체 중 한 곳이다. WASC는 자신들의 서비스를 필요로 하는 미 서부 지역, 태평양 지역, 동아시아 태평양 지역에 있는 미국 학교 또는 대학교에 대한 관할권을 가지고 있다.

●

이 책이 참고한 자료들

웹사이트

https://www.isi.go.kr/

https://ibo.org

http://www.fulbright.or.kr

http://www.corestandards.org/

http://www.projectaero.org/

https://collegereadiness.collegeboard.org/sat-subject-tests

http://www.fulbright.or.kr/testing/act?language=en

https://ap.collegeboard.org/

http://www.koreaneducentreinuk.org/

http://www.cambridgeinternational.org/programmes-and-qualifications/cambridge-
      secondary-2/cambridge-igcse/

https://www.isb.rs/site/page/myp-mathematics-grade-9/4902

http://www.corestandards.org/Math/

https://blog.prepscholar.com/whats-better-for-you-ib-or-ap

http://www.nationalarchives.gov.uk/

보고서

「비판적 창의적 역량을 위한 평가 체제 혁신 방안」, 서울특별시 교육청 교육연구 정보원, 2017.

「대학입학 준비 교육과정으로서의 A-Level, AP, IB DP비교」, 제주특별자치도교육청, 2018.

「주요 선진국 고교 교육과정과 장학 지원 체제에 관한 비교 분석 연구」, 고려대학교 교육대학원 박상우님, 2011

도서

이혜정 『대한민국의 시험』 다산지식하우스 2017.

하워드가드너 『다중지능』 유경재,문용린 옮김, 웅진지식하우스 2007.

기사 및 칼럼

「대구시 교육청, 국제 바칼로레아(IB)도입 선언」오마이뉴스 2018.09.05

「제주에서 IB교육과정 도입」BBS불교방송 2019.01.30

「서울대, 연세대, 카이스트, IB 학생들 입학문 이미 활짝 열어 놓았다」인터뷰365.com 2019.02.01

방송 및 동영상

유투브 제주특별자치도교육청「제주 국제학교의 교육과정 소개NLCS 임영구 교사」

부록2. 국내 국제 교육프로그램 기관 목록

지역	학교명 영문(A-Z)	학교명 국문	개교 연도	웹
서울시 노원구	Asia Pacific International School	아시아퍼시픽 국제외국인학교	2007	http://www.apis.org
제주도 서귀포시	Branksome Hall Asia	브랜섬홀아시아	2012	http://www.branksome.asia
부산시 해운대구	Busan Foreign School	부산외국인학교	1998	http://www.busanforeignsc
부산시 기장군	Busan International Foreign School	부산국제외국인 학교	2010	http://www.bifskorea.org
부산시 수영구	Busan Japanese School	부산일본인 학교	1975	http://busanjs.com/
인천시 연수구	Chadwick International School Songdo	채드윅송도 국제학교	2010	https://www.chadwickinterr
인천시 서구	Cheongna Dalton School	청라달튼 외국인학교	2011	http://daltonschool.kr
대구시 동구	Daegu International School	대구국제학교	2010	http://www.dis.sc.kr/
서울시 서초구	Dulwich College Seoul British School	덜위치칼리지 서울영국학교	2010	http://www.dulwich-seoul.k
서울시 마포구	Dwight School Seoul	서울드와이트 외국인학교	2012	http://www.dwight.or.kr/
서울시 용산구	Franciscan Foreign Kindergarten	프란치스코 외국인유치원	1975	http://www.ffkseoul.com/
서울시 서초구	French School of Seoul	서울프랑스학교	2001	https://www.lfseoul.org/
서울시 용산구	Global Christian Foreign School	지구촌기독 외국인학교	1996	http://www.gcfskorea.org

세계는 하나의 교실

교육과정	수업료
US BASED PROGRAM, AP	유치원, 초등 : 25,093,250원/ 중등 : 27,816,750원/ 고등 : 31,440,250원
IB WORLD	유치원, 초등 : 18,366,000원+11,944미달러/ 중등 : 20,676,000원+13,272미달러/ 11학년 : 21,168,000원+14,600미달러/ 12~13 학년 : 22,486,000원+14,600미달러
AMERICAN EDUCATION	유치원 : 20,675,000원/ 초등 : 24,980,000원/ 중등 : 27,463,500원/ 고등 : 29,657,500원
IB WORLD	유치원 : 19,854,000원/ 초, 중등 : 29,201,000원/ 고등 : 35,193,000원
일본공립학교 교육과정	초, 중등 : 5,640,000원
IB WORLD	유치원, 초등 : 34,775,000원/ 중등 : 37,366,000원/ 고등 : 40,899,000원
US BASED PROGRAM, AP, AP	유치원 : 19,122,220원/ 초등 : 23,322,220 원/ 중등 : 24,922,220원/ 고등 : 26,422,220원
Common Core, Maine Learning Results, Advanced Placement courses	유치원 : 20,500,000원/ 초등 : 22,100,000원/ 중등 : 24,200,000원/ 고등 : 28,400,000원
THE NATIONAL CURRUCULUM OF ENGLAND AND WALES IGCSE IB DP	유치원 : 31,770,000원/ 초등 : 32,373,000원/ 중등 : 32,844,000원/ 고등 : 4,364,500원
IB WORLD	유치원 : 24,342,000원/ 초, 중, 고등 : 28,684,000원
-	만 3세 이하 및 만 4세 : 12,675,000원/ 만 5세 : 13,272,000원
프랑스공립교육과정	유치원, 초등 : 8,000,000원/ 중,고등 : 11,200,000원
COMMON CORE STATE STANDARDS	유치원, 초등 : 14,990,000원/ 중, 고등 : 18,490,000원[

지역	학교명 영문(A-Z)	학교명 국문	개교 연도	웹
경기도 수원시	Gyeonggi Suwon International School	경기수원 외국인학교	2006	http://www.gsis.sc.kr
경상남도 사천시	Gyeongnam International Foreign School	경남국제 외국인학교	2004	http://www.gifs.or.kr
울산시 동구	Hyundai Foreign School	현대외국인 학교	1982	http://www.hyundaiforeigns
경기도 의정부시	International Christian School of Uijongbu	국제 크리스천 학교	1983	http://www.icsu.asia
서울시 광진구	International Mongolia School	재한몽골학교	2005	http://www.mongolschool.c
경상남도 거제시	International School of Koje	거제국제 외국인학교	2002	http://www.iskoje.org
서울시 마포구	Japanese School in Seoul	서울일본인학교	1972	http://www.sjs.or.kr/
대구시 중구	Korea Daeguhwagyo Elementary School	한국대구화교 초등학교	1941	shumeilin@hanmail.net
서울시 서초구	Korea Foreign School	코리아외국인 학교	2007	http://koreaforeign.org/
제주도 서귀포시	Korea Intenational School Jeju Campus	한국국제학교 (초중등)/ 한국국제고등 학교(고등)	2011	http://kis.ac
경기도 성남시	Korea International School - Pangyo	한국외국인 학교(판교)	2006	http://www.kis.kr

세계는 하나의 교실

교육과정	수업료
IB WORLD	유치원 : 20,812,000원/ 초등 : 23,124,440원/ 중등 : 26,106,040원/ 고등 : 30,872,080원
US Common Core State Standards for Mathematics and Language Arts, AERO standards for Art, Social Studies, and Science US Common Core State Standards (CCSS) and AERO standards IB PREP AND IB DP	유치원 : 22,500,000원/ 초등 : 24,500,000 원/ 중등 : 26,100,000원/ 고등 : 27,100,000원
British based curriculum Cambridge International Examinations (CIE) International Primary Curriculum and International Middle Years Curriculum.	유치원 : 13,808,000원/ 초등 : 17,943,000 원/ 중등 : 21,710,000원
AP	유치원, 초등 : 16,120,000원/ 중, 고등 : 18,400,000원
한국 및 몽골 공립학교 교육과정 복합적으로 사용	초중등 : 2,000,000원/ 고등 : 2,100,000원
IEYC(International Early Years Curriculum), IPC(International Primary Curriculum), IMYC (International Middle Years Curriculum), IGCSEs	유치원 : 17,040,000원/ 초등 : 19,390,000 원/ 중등 : 21,740,000원
일본공립학교교육과정	유치원 : 4,320,000원/ 초,중등 : 2,880,000원
대만공립교육과정	초등 : 2,800,000원
PYP&MYP(CANDIDATE)	초등 : 21,900,000원, 중, 고등 : 23,500,000원
US BASED PROGRAM, AP	유치원 : 12,900,000원+8,022미달러/ 초등 : 13,800,000원+8,582미달러/ 중등 : 14,400,000원+ 8,954미달러/ 9학년 : 17,100,000원+10,634미 달러/ 10학년 : 17,820,000원+11,082미달러/ 11학년 : 18,480,000원+11,492미달러/ 12학년 : 19,080,000원+11,864미달러
US BASED PROGRAM, AP	유치원 : 24,447,552원/ 초등 : 26,947,856원/ 중등 : 29,219,872원/ 고등 : 33,739,760원

지역	학교명 영문(A-Z)	학교명 국문	개교 연도	웹
서울시 강남구	Korea International School - Seoul	한국외국인학교 (서울캠퍼스)	1999	http://kisseoul.org/
서울시 광진구	Korea Kent Foreign school	한국켄트외국인 학교	1999	http://www.kkfs.org
광주시 북구	Kwangju Foreign school	광주외국인 학교	1999	http://www.kwangjuforeign
서울시 종로구	Lycee International Xavier	하비에르 국제 학교	2002	http://www.xavier.sc.kr
서울시 중구	Namsan International Kindergarten	남산국제유 치원	2005	https://www.nikseoul.org/c
제주도 서귀포시	North London Collegiate School Jeju	노스런던칼리지 에잇스쿨 제주	2011	http://www.nlcsjeju.co.kr
부산시 동구	Overseas Chinese Elementary School Busan Korea	부산화교 소학교	2019	fuxiao1947@naver.com
부산시 동구	Overseas Chinese High School Busan, KOREA	부산화교 중고등학교	1951	http://www.kbchs.org/
서울시 서대문구	Overseas Chinese High School Seoul	한국한성화교 중고등학교	1948	http://www.scs.or.kr/
대구시 남구	Overseas Chinese High School, Daegu	한국대구화교 중고등학교	1958	http://www.kdcs.or.kr/main.
인천시 중구	Overseas Chinese primary and middle, high school, Incheon	인천화교 소·중산중고등 학교	2003	szuliang@naver.com
경기도 수원시	Overseas Chinese Primary School Suwon	수원화교 중정소학교	1946	http://www.oscschool.co.kr
경기도 평택시	Pyeongtaek International Christian School	평택크리스천 외국인학교	2010	http://www.icsptk.org

세계는 하나의 교실

교육과정	수업료
COMMON CORE STATE STANDARDS	유치원 : 24,447,552원/ 초등 : 26,947,856원
COMMON CORE STATE STANDARDS	유치원 : 18,100,000원/ 초등 : 19,000,000원/ 중등 : 20,300,000원/ 고등 : 21,900,000원
COMMON CORE STATE STANDARDS	유치원 : 16,200,000원/ 초등 : 18,630,000원/ 중등 : 20,100,000원/ 고등 : 21,560,000원
프랑스공립교육과정	초등 : 10,209,308원/ 중등 : 12,295,080원/ 고등 : 13,941,743원
PYP	만 3세 이하 : 19,500,000원/ 만 4세 : 25,000,000원/ 만 5세 : 25,000,000원
NLCS UK, IGCSE, IB DP	유치원 : 16,800,000원+9,737미달러/ 초등 : 18,666,000원+10,819미달러/ 중등 : 19,545,000원+11,928미달러/ 10~11학년 : 22,224,000원+12,876미달러/ 12~13학년 : 23,550,000원+13,645미달러
대만공립교육과정	유치원 : 3,576,000원/ 초등 : 2,750,000원
대만공립교육과정	중등 : 3,492,000원/ 고등 : 3,940,000원
대만공립교육과정	중등 : 3,820,500원/ 고등 : 4,068,500원
대만공립교육과정	중등 : 3,030,000원/ 고등 : 3,350,000원
대만공립교육과정	유치원 : 2,536,000원/ 초등 : 1,680,000원/ 중등 : 2,284,000원/ 고등 : 2,400,000원
대만공립교육과정	유치원, 초등 : 3,950,000원
AP	유치원, 초등 : 18,400,000원/ 중, 고등 : 19,800,000원

지역	학교명 영문(A-Z)	학교명 국문	개교 연도	웹
서울시 중구	Seoul Chinese Primary School or Hanxiao Chinese Primary School	한국한성화교 소학교	1909	http://www.hanxiao.or.kr/
서울시 서대문구	Seoul Foreign School	서울외국인 학교	1912	http://www.seoulforeign.org
서울시 용산구	Seoul German School	서울독일학교	1976	http://www.dsseoul.org/
경기도 성남시	Seoul International School	서울국제학교	1973	http://www.siskorea.org
제주도 서귀포시	St. Johnsbury Academy Jeju	세인트존스베리 아카데미 제주	2017	http://www.sjajeju.kr/
대전시 유성구	Taejon Christian International School	대전외국인 학교	1958	http://www.tcis.or.kr
강원도 원주시	Wonju Chinese Primary School	원주화교 소학교	-	-
서울시 영등포구	Yeong deng pou korea Chinese primary school	한국영등포화교 소학교	1938	http://yongxiao.kr/
서울시 용산구	Yongsan International school of seoul	서울용산국제 학교	2006	http://www.yisseoul.org

세계는 하나의 교실

교육과정	수업료
대만공립교육과정	유치원 : 4,400,000원
PYP,MYP(CANDIDATE),DP	유치원 : 31,038,000원/ 초등 : 31,943,000원/ 중등 : 33,854,000원/ 고등 : 39,487,000원
독일공립교육과정	유치원 : 15,300,000원/ 초, 중, 고등 : 21,262,500원
AP	유치원 : 25,666,900원/ 초등 : 25,978,030원/ 중등 : 28,209,080원/ 고등 : 31,615,980원
Capstone model, AP	유치원, 초등 : 19,255,000원+7,176미달러/ 중등 : 20,092,000원+7,488미달러/ 고등 : 20,930,000원+7,800미달러
IB WORLD	유치원, 초등 : 22,400,000원/ 중등 : 26,400,000원/ 고등 : 32,400,000원
대만공립교육과정	유치원, 초등 : 3,600,000원
대만공립교육과정	유치원 : 3,514,000원
US BASED PROGRAM, AP	유치원, 초등 : 19,700,000원/ 중, 고등 : 23,300,000원